도둑맞은
천금

도둑맞은 헌금

초판 1쇄 발행 2017년 12월 09일

지은이 이병선
발행인 권선복
편 집 천훈민
표지디자인 최지은
내지디자인 최새롬
전 자 책 천훈민
발 행 처 도서출판 행복에너지
출판등록 제315-2011-000035호
주 소 (07679) 서울특별시 강서구 화곡로 232
전 화 0505-613-6133
팩 스 0303-0799-1560
홈페이지 www.happybook.or.kr
이 메 일 ksbdata@daum.net

값 15,000원
ISBN 979-11-5602-552-8 03230

Copyright ⓒ 이병선, 2017

* 이 책은 저작권법에 따라 보호받는 저작물이므로 무단전재와 무단복제를 금지하며, 이 책의 내용을 전부 또는 일부를 이용하시려면 반드시 저작권자와 〈도서출판 행복에너지〉의 서면 동의를 받아야 합니다.

도서출판 행복에너지는 독자 여러분의 아이디어와 원고 투고를 기다립니다. 책으로 만들기를 원하는 콘텐츠가 있으신 분은 이메일이나 홈페이지를 통해 간단한 기획서와 기획의도, 연락처 등을 보내주십시오. 행복에너지의 문은 언제나 활짝 열려 있습니다.

CTS-TV와 기독신문에서 기획·집중취재 보도하면서 화제가 되다

도둑맞은 헌금

이병선 지음

사람은 태어나는 순간 '돈'으로 산다. 헌금 역시 '돈'이다.
그러나 세상과 구별된 돈이어야 한다.
구별되지 않는 헌금은 도둑맞게 되어 있다.
이 책은 '구별된 헌금' 이야기이다.

| 프롤로그

목회자도 '성경적 헌금'을 모른다

　필자의 논문을 CTS-TV와 기독신문에서 "목회자도 성경적 헌금을 모른다."라는 기사 제목으로 기획취재 보도한 적이 있다. 성도들은 당연히 목회자들만큼은 성경적 헌금에 대한 지식을 명확히 숙지하고 있을 것으로 믿고 있었다. 그런데 목회자가 성경적 헌금을 모르고 있다니? 시청자와 독자들의 눈과 귀가 솔깃하지 않을 수 없었기에 당시 사랑의 교회와 산정현 교회의 성도들을 대상으로 인터뷰하는 장면이 방영되기도 하였다.

　헌금은 당연히 내야 한다는 것이 목회자들의 생각이다. 그러나 성도들은 그렇지 않다. 살과 피 같은 돈이 뜯겨 나간다고 생각하는 성도들이 있는가 하면 헌금 때문에 교회 가기 싫다는 성도들 또한 점점 많아지고 있다. 성도들은 억지로 낸 헌금마저 도둑맞고 있다는 생각이 들기에 더욱 싫어할 수밖에 없고, 목회자들 역시 성도들이 마땅히 내야 할 헌금을 내지 않고 있기에 도둑맞고 있다고 아우성들이다. 과연 헌금이 누구에게 도둑맞고 있는 것일까? 분명한 사실은 성경이 말한 헌금의 본질이 목회자와 성도 모두들에게 도둑맞고 있다는 것이다.

성경은 세상 것과 하나님의 것을 구별하는 방법을 곳곳에서 예시하고 있다. "가이사의 것은 가이사에게, 하나님의 것은 하나님께 바치라." (눅 20:25)라고 예수님은 말씀하셨다.

지금 한국교회는 물론이고 전 세계에 산재되어 있는 교회들의 문 닫는 소리가 둔탁하게 들리고 있다. 직면한 부도위기를 넘기지 못하고 결국 도산으로 문을 달아야만 하는 각종문제의 중심에 '헌금'이 서성거리고 있다. 헌금은 곧 '돈'이다. 그러나 세상과 구별된 '돈'이어야 한다. 세상과 구별되지 않은 돈이 '헌금'으로 둔갑되어 교회에 들어올 때 '일만 악의 뿌리'가 된다. 성도의 머릿수에 따라 거둬들이기에 바쁜 이러한 헌금을 어떻게 세상의 돈과 구별할 수 있겠는가?

저자는 서울역 주변에 있는 노숙인들을 대상으로 '특수목회'를 하고 있다. 또한 정부로부터 인가받은 행정사 사무소를 운영하고 있는데, 서울역에 인접해 있어 노숙 형제자매들뿐만 아니라 일반인들도 이용하고 있다. 하루아침에 날 거지가 되어 노숙으로 내몰린 형제자매들의 행정,

법률문제를 해결해 주고 있노라면 공통점을 발견할 수 있다. 그들은 하나같이 '돈'을 좇다가 쪽박을 찬 사람들이다. '돈'이 날아가버리니 모든 것이 풍비박산되고 만 것이다.

가정도 직장도 친구도 다 잃고 더 이상 잃어버릴 것이 없는 그들이다. 서울역 주변에서 밤낮 가리지 않고 술판을 벌이고 있는 그들을 볼 때 영혼까지 잃어버리지 않을까 가슴이 아프다. 그러나 그들 중 어떤 이들은 노숙을 하면서 영혼만큼은 잃어서는 안 된다는 사실을 발견하고 눈물로 몸부림치며 매달린다. 사방으로 욱여쌈을 당한 그들이 기적을 체험하게 되면서 도저히 감당할 수 없는 평안함을 맛보게 된다. 이해할 수 없는 현재의 고난에도 감사한 마음을 갖게 되면 어떻게든 그 감사함을 행동으로 나타내 보이려 한다.

그들이 예배시간에 드리는 천 원, 이천 원은 이 세상의 그 어떤 헌금보다 값진 감사가 배어 있다. 기초생활수급비를 받고 근근이 생활하고 있는 자가 목돈의 헌금을 할 때도 있다. 틀니를 하려고 모아놓은 돈을 한사코 헌금으로 내놓은 자도 있다. 그들은 결코 헌금이 뜯긴다고 여기지 않는다. 그들의 헌금 속에는 잃어버린 영혼을 갈망하는 간절함이 배어 있기 때문이다. 오히려 더 드리지 못해 안타까워만 할 뿐이다.

그러나 자원하는 마음 없이 드리는 모든 헌금은 '돈'이 뜯겨 나가고 있다는 생각이 들 수밖에 없다. 은근히 스트레스를 받고 기쁨은커녕 후회가 스며든다. 억지로 내는 자의 눈은 땅바닥에 머물고 자원해서 드리는 자의 눈은 하늘을 본다. 저자의 교회는 거의 자비량으로 운용되고 있다. 자원하여 드리는 헌금이 보태지면 우리 교회의 헌금은 하늘을 날기 시작한다. 드리는 돈, 받는 돈, 사용되는 돈 모두가 합력하여 진정한 봉헌으로 승화되기 때문이다.

이제 더 이상 그럴듯한 헌금의 미명으로 돈이 뜯겨져 나가게 해서는 안 된다. 모든 교회법정과 세상법정 재판의 중심에 신성한 헌금이 피고인석에 앉아 있다. 헌금으로 가장한 간악하고 사악하고 추악하기 짝이 없는 흉물스러운 돈의 악령이 마술을 부리고 있다. 거룩하고 성스러운 헌금으로 가장한 사탄의 가면을 벗겨 던져버릴 때가 된 것이다. 이제야말로 헌금의 본질을 찾을 때가 되었다.

종교개혁자 마르틴 루터는 1517년 10월 31일 비텐베르크 성당의 정문에 95개 조에 달하는 질의서를 붙여놓고 당시 로마교황청을 향해 이렇게 외쳤다. "교황, 당신이 바로 적그리스도다!" 로마가톨릭이 붕괴되어 암흑기를 맞이하게 된 요인의 가장 중요한 핵심이 바로 '헌금'이었다.

150여 년 동안 지어진 베드로 성당의 건축 과정이 어떠했는가? 무지몽매한 신자들의 피눈물을 짜 낸 돈으로 화려하고 웅장한 건물을 지었다. 결국 돈으로 천국까지 살 수 있다고 외쳐댄 범죄를 로마 교황청이 주도하게 된 역사적 사실을 간과해서는 안 된다. 당시 부흥사 '떼쩨'는 전 유럽을 순회하며 이렇게 외쳐댔다. "여러분들이 내는 헌금의 동전 한 닢이 헌금 통 안으로 떨어지면서 땡그렁! 소리를 내는 동시에 연옥에 있던 여러분들의 조상은 곧바로 천국으로 날아오르게 됩니다!" 과연 그러한가?

이 순간에도 거짓의 아비들이 성도들의 주머니를 털어내고 있다. 그들은 주님의 이름으로 도적질을 일삼는다. 주님의 이름이 더럽혀지고 있다. 십자군이 그랬던 것처럼 그들은 재물을 착취하기 위해 주님의 이름을 도용하고 있다. 오늘날 세계 도처에서 성직자라는 양의 탈을 쓰고 강도의 행각을 일삼는 늑대들이 너무나 많다. 그들은 무지몽매한 성도들의 영혼의 피를 빨아먹고 사는 자들이다. 헌금을 강탈하는 무리들을 더 이상 방치해서는 안 된다.

저자는 본서를 통해 목회자들의 헌금에 대한 인식이 성경적으로 무지함을 폭로하는 데 초점을 맞춘 것이 결코 아니다. 다만 헌금의 본질을 모두에게 되찾아 주고 싶을 뿐이다. 성경을 통해 하나님께서 주시는 헌금에 대한 메시지는 수없이 많다. 일만 악의 뿌리인 '돈'을 사랑한 결과가 얼마나 쓰디쓴 열매를 맺게 하는지를 곳곳에서 경고하고 있다.

오늘날 한국교회에서 드리는 모든 예배과정의 봉헌예식을 통해 바쳐지는 헌금의 본질이 질병을 앓고 있다. 이렇게 병들게 한 요인들이 무엇인지를 명확히 진단하고 명쾌한 처방전을 내려야 할 때가 왔다. 병든 헌금의 실체를 낱낱이 파헤쳐 해부해야 한다. 그렇게 하기 위해서는 하나님이 말씀하시는 성령의 검으로 가차 없이 환부를 드러내 보여야 한다. 수치와 모욕을 감수하고 치부를 드러내 보이지 않으면 머지않아 시름시름 고통 중에 죽어가고야 말 것이다.

200여 년 전 영국교회는 오늘날 한국교회보다 훨씬 더 부흥의 불길 속에 복음의 꽃을 피웠다. 하지만 그들이 부패되어 말씀을 떠나 살았을 때 그토록 웅장함과 화려함을 자랑하던 교회 건물은 볼썽사나운 나이트클럽으로 전락해버릴 수밖에 없었다. 그들의 부패 중심에 잘못 드린 '헌금'이 있었기 때문이다.

일천 번제의 희생제물이 바쳐진 솔로몬의 성전주변이 우상숭배로 흉물스럽게 변질되었을 때에도 결과는 참혹했다. 하나님께서는 이스라엘과 솔로몬을 통하여 수년 동안 지은 웅장한 성전을 가차 없이 무너뜨리셨다. 그것은 하나님의 명령을 어기고 우상숭배를 일삼는 이방여인들을 아내로 맞아들인 솔로몬 때문이었다. 결국, 솔로몬은 이방여인들과 영합하여 회칠한 무덤 속에 있는 시체의 썩음과 같은 '제물'을 이방신들에게 드렸다.

예수님께서도 대제사장과 서기관들과 백성들의 지도자들이 예루살렘 성전에서 장사하는 광경을 목도하시고 의분을 일으키시며 그들의 상을 엎어버리셨다. 만민이 기도하는 신성한 성전을 강도의 소굴로 만들었던 당시 상황(눅 19:45~46)과 오늘날 한국교회 현실은 너무나 흡사하다.

이제 머지않아 한국교회의 예배당이 영화관과 나이트클럽하우스로 채워지게 될지도 모른다. 그렇게 된다면 하나님께서는 솔로몬을 버리셨던 것처럼 한국교회의 촛대를 옮기실 것이다.

본서는 잘못된 헌금 사용과 그 타락성에 대한 교회개혁 이야기이다. 저자는 하나님의 준엄한 경고의 메시지가 이 책을 통해 교계 곳곳에 전달되기를 바란다. 목회자와 성도와 신학교를 초월하여 어둠에 짓눌려있는 우리 사회의 구석구석을 밝힐 수 있기를 바란다. 그래서 혼탁하고 어지러운 한국교회에서 야경꾼의 불빛이 되기를 간절히 소망한다.

2017년 10월

이 병 선

추천사

정인찬 | 웨스트민스터 신학대학원대학교 총장

한국교회의 평신도뿐만 아니라 목회자까지도 헌금에 대한 바른 인식과 성경적 이해가 없어 무지했던 것이 사실입니다. 또한 헌금에 대한 글들이 다소 나왔으나 밤의 등불같이 항해사의 나침판 역할을 하는 양서로는 없었습니다. 이번에 이 분야에 성경적 정립이 분명이 되어 있고 헌금에 대한 올바른 인식의 필요성을 누구보다도 현장에서 깨달은 이병선 박사께서 이 책을 내어놓은 것을 퍽 다행한 일이라 생각합니다.

이 책은 저자가 각 장에서 밝힌 것같이 헌금의 본질을 모두에게 되찾아 주고 헌금으로 인해 병든 요인들을 명확히 진단하여 치료의 처방전을 내놓았습니다. 구교에서나 신교에서 교회나 목회자가 헌금, 곧 돈 때문에 부패하고 문제가 많았던 것을 생각하면 진작부터 헌금의 올바른 성경 이해와 정립이 돼 있어야 했습니다. 뒤늦게나마 퍽 다행이라 생각합니다. 참으로 이 책을 읽는 이로 하여금 헌금에 대한 새로운 패러다임과 인지가 분명하게 될 것입니다.

저자는 서울역에서 노숙자들을 대상으로 특수목회를 하고 있고 헌금 때문에 일어나는 병폐를 어떻게 성경적으로 해답을 줄까 하는 고민을 오랫동안 해오던 중 이 책을 내놓게 되었습니다. 이 책을 읽으면서 헌금에 대한 성경적 이해가 명쾌히 정립될 뿐 아니라 이 박사님의 삶과 청렴한 생활을 느낄 수 있을 것입니다.

이 책을 읽는 목회자들에게는 헌금에 대한 성경적 정립을, 신학자들에게는 헌금에 대한 신학적 토대를, 평신도들에게 헌금을 해야 하는 이유와 용도에 대한 성경적 가이드라인을 주게 될 것입니다. 병은 중한데 약의 처방이 없어 병이 더 악화되는 것처럼 교회 안팎에서 헌금 곧 돈 때문에 병을 앓던 한국 교회와 목회자들과 평신도들에게 좋은 양약이 될 것입니다.

평소에 한국교회의 미래를 고민하고 목회자와 성도들의 삶에 새로운 변화를 위해 기도해 오던 이병선 박사의 헌금에 대한 성경적 해답이 이 책을 읽는 모든 이들에게 올바른 레슨이 되기를 염원합니다.

임원택 | 백석대학교 신학대학원장

『도둑맞은 헌금』은 오늘날 한국교회 목회자들과 성도들의 부족한 신앙생활의 한 단면을 여실히 드러내고 있어 따갑다. 하나님께서 기뻐하시고 인정하시는 헌금생활은 어떤 것인가 모색하고 그 답을 제시하려 한 수고가 느껴진다. 우리가 누리는 모든 것이 주께로부터 왔기에 모두 주의 것이지만, 그 일부를 드려 주님께 감사를 표현하는 것이 헌금이다. 저자는 우리가 드리는 헌금이 하나님의 은혜와 사랑에 대한 감동의 결과물이어야 한다고 강조한다. 우리 헌금생활이 이 책을 통해 좀 더 성경적으로 바로 서길 기대한다.

전 철 | 분당 신성교회 장로, KBS 인간극장 "전철은 달린다"출연

　노년의 결핍을 채우고자 10월이 다 저물어가는 햇살 따스한 어느 주말에 백일장이란 축제의 장소에서 이 원고를 받게 되었다. 목사님이 쓰신 글이니 당연히 기라성 같은 한국의 유명 목사님이나 저명인사에게 부탁해야 할 것인데 별 볼 일 없을 평신도인 내게 추천사 의뢰가 온 것을 처음에는 의아하게 생각했으나, 원고를 읽던 나는 불꽃처럼 타오르는 감동과 전율을 느꼈다.

　내 영혼 속 갈증과 갈등의 소뇌에 시원한 해답을 얻게 된 것이다. 어쩌면 수많은 이 땅의 목사님들의 분노를 감수해야 할 충격적 고백이자 개혁의 외침이 될 것이 감지된다. 한국교회의 민낯을 곳곳에서 보게 된 작금의 나는 회의와 절망 속에서 용기의 목소리를 갈망하고 있었다. 이 절박한 때에 이병선 목사님의 원고 한 장 한 장은 500년 전 종교개혁 시대 당시의 변질된 부패 덩어리와 같은 한국교회를 꾸짖는 정의의 목소리였다.

　나는 이 원고가 틀림없이 종교개혁자 루터의 외침을 대신할 것이란 믿음이 생겼다. 종교개혁 시대보다 더하면 더했지 못하지 않은 한국교

회의 현실을 생각하면서…….

지금 나는 목격하고 체험한 70 평생 성도로서 이 책이 불꽃이 되어 활활 타오를 것이라는 기대와 함께 제2의 한국교회 종교개혁 불씨임을 직감한 것이다. 폭포수처럼 쏟아져 나오는 수많은 목사님들께서 쓰신 성경적 지침서나 자기 계발서가 아니고 위기에 처한 한국교회의 위대한 구원 투수와 같은 책이 될 것임을 확신한다.

이제 세상은 깨인 세상이 되었다. 분별력 있는 세상이 된 것이다. 그런데 교회에 와서 세상 사람들이 그 실상을 보면 그 누가 전도되어 신실한 성도가 되겠는가? 이 책은 이 물음에 대한 해결의 실마리를 찾아 줄 중요하고 귀중한 책이 될 것임을 모든 독자에게 천명하고 싶다.

최창선 | 캐나다 켈거리 한인장로교회 담임목사

저자는 늦게 예수님을 믿고 이제는 목사가 되어서 귀한 목회를 하고 있다. 본인도 대학 졸업반에 고난을 통하여 예수님을 믿고 목사가 되어 목회를 하고 있다. 공통점은 고난의 광야를 통과하며 예수를 믿고 목사가 되었다는 것이다. 그래서 누구보다도 고난 가운데 있는 교회의 아픔을 동병상련의 심정으로 걱정하지 않을 수 없다고 생각한다. 헌금에 대한 글을 써서 평을 해달라는 부탁을 받고 시간을 내어 읽는데 조목조목 동감이 가는 내용이었고 나 역시 헌금 앞에 부끄럽지 않으려고 부단히 애를 쓰며 사역에 임하여 왔다.

교회는 끊임없이 개혁되어 나가야 한다. 종교개혁 500주년을 맞아 행사를 거대하게 치르는 것보다 이 책 한 권을 통해 교회의 지도자들이 내면 깊은 곳을 들여다보는 계기가 되었으면 참 좋겠다. 그래서 자신의 목회현장을 냉철하게 점검하여 개혁할 수 있는 전환점이 되기를 바란다. 교회의 아픔을 적나라하게 드러낸 이 책은 바로 오늘날 목회현장에서 가장 소중한 교본의 역할을 감당해 낼 것으로 확신하며 추천한다.

엄원용 | 기독교 문인협회 부회장, 목사

먼저 『도둑맞은 헌금』이라는 제목으로 책을 낸 이병선 목사님께 축하의 말씀을 드린다. 지금은 서울역에서 어려운 분들을 돌보는 사역을 하고 계신다. 이런 와중에서도 책을 내셨다. 이 책은 그냥 평범한 책이 아니다. 우선 『도둑맞은 헌금』이라는 제목 자체가 상당한 상징성을 띠고 있다. 헌금은 하나님의 영광을 위해 바친 헌물이다. 그러므로 비록 내 교회에 들어온 헌금이지만, 하나님께 드린 것을 교회에서 대신 사용하는 것이므로 아끼고 또 아껴서 삼가 두려운 마음으로 바르게 사용해야 한다. 그런데 이것이 잘 이루어지지 않는 것이 한국교회의 병폐 중의 하나이다.

한국의 대형교회는 주일 헌금이 몇 억씩 들어온다고 하는데, 소형교회는 유지하기도 힘든 교회들이 많다고 한다. 교회 재정을 알뜰히 아껴 개척교회를 돕고, 어려운 이웃돕기를 위해 고아원, 양로원, 모자원 등에 보내어 하나님의 사랑의 손길을 펴는 경비로 써야 할 것이다. 이 목사는 그동안 느낀 것을 한 권의 책으로 엮었다. 이 글이 한국교회 발전에 큰 영향을 미치는 책이 되기를 바란다.

박홍구 | 성원교회 담임목사

본서는 현장성, 활동성, 복음성을 전개했다는 점에서 신선함과 공감을 주고 있다. 성도나 목회자들은 누구나 헌금 도둑이라는 생각을 해볼 기회를 제공한 것 역시 평소 저자의 생각을 가감 없이 내어놓음으로 오늘을 살면서 어찌 살아야 할 것인가를 보여주는 신선한 자막과 같은 저자의 고발 모본이다.

하나님이 주신 돈이 하나님께 온전히 바쳐질 때만이 헌금의 순기능이 발휘될 수 있다. 온전한 헌금이 되지 않았을 경우 역기능의 폐단은 심각하다. 저자는 헌금의 순기능과 역기능을 지적하며 성도들과 목회자들에게 경종을 울리고 있다. 특히, 하나님을 믿는 영적지도자들은 영적 돋보기로 보고 각성해야 할 것이다.

세상에서 버틸 힘조차 없는 사람들을 보듬어 온 저자의 사심 없는 속살이 빛나고 있다. 뭇 영혼을 살리기 위해 어두운 뒷골목을 위험을 무릅쓰고 달려가 일으켜 세우는 참 목회상이 그대로 읽히는 책이다. 저자의 진솔한 고발이 경종이 되어 읽고 따라 행하시라고 모든 분에게 본서를 추천한다.

김병철 | 북방선교회 담임목사. 전 경북지방경찰청장

　선교 150여 년이 된 한국교회가 국가 사회 민족을 위해 많은 기여를 했음에도 불구하고 복음의 불빛은 점점 희미해져 가고 있다. 얼마 전 모 여론조사기관에서 발표한 "한국사회에 영향력 있는 사람 10명"의 순위에 타 종교 지도자는 상위에 올라 있는 반면 기독교계 인사는 단 한 명에 불과하였다. 그마저 교회 공금횡령으로 재판 중인 목사가 7위에 올라 있는 것을 보면서 참담한 마음을 가눌 수 없었다.

　천만 명의 기독교인이 살고, 많은 교회들이 십자가에 불을 밝히고 있고, 이만 칠천 명의 선교사를 해외로 파송하는 나라, 그리고 이십만 명의 목사가 사역을 하는 이 나라의 기독교가 국민의 가슴에 와 닿는 지도자 한 사람을 배출해 내지 못하고 있다는 생각을 하면 비통한 마음 금할 길 없다.

　한국교회의 목사직 세습 문제와 교회재정 문제로 인한 분란과 법률적 시비는 반드시 법대로 투명하게 바로잡아야 할 우선적 과제이다. 한국교회를 올바르게 지도하고 이끌어가야 할 책임이 막중한 대형교회에서 온갖 문제들을 더욱 심각하게 일으키고 있다.

영혼을 구제해야 할 교회에서 일어나고 있는 일들이 세상의 눈으로 봐도 부끄러운데 하나님은 어떤 마음으로 보고 계실까? 이제는 우리 모두 하나님 앞에 올바르고 경건과 거룩함으로 거듭난 목사, 장로, 교인이 되자.

50여 년 전 토마스 선교사가 죽어가면서 남긴 한 권의 성경이 한반도 복음화의 불씨가 되었듯이 이 책이 작은 불쏘시개가 되기를 바란다. 이병선 목사가 교회를 사랑하는 충정에서 피맺힌 절규로 쓴 이 한 권의 책이 누구를 비난하기 위함이 아니요, 한국교회를 살리고 영혼을 바로잡는 도구로 사용되기를 두렵고 떨리는 마음으로 간절히 기도하며 독자들에게 추천한다.

정원달 | 양의문 교회 담임목사, 작은교회 세우기 연합 대표

　이 책을 잡는 순간 독자들은 저자 특유의 호소력에 이끌려 책을 손에서 놓을 수 없게 될 것이다. 특히 교회와 성도를 사랑하는 저자의 진심이 '서울역 노숙인 사역'에서 확연히 드러나고 있다. 힘든 여건 속에서도 6년여 동안 자비량으로 소외계층을 섬겨오고 있는 저자는 이 책을 펴낼 자격이 있다고 판단한다. 평소 저자는 '헌금'에 대한 성경적 본질이 왜곡당하고 있음을 매우 안타깝게 여겼다. '헌금'이라는 예민한 소재를 속 시원하게 다룬 이 책을 통해서 한국교회개혁의 불씨가 되기를 간절히 바란다.

유영대 | 국민일보 기자

하루가 멀다 하고 교회 사역자들에 관한 스캔들이 발생되고 있어 언론인의 한 사람으로서 매우 안타까운 마음 금할 길 없다. 하지만 보이지 않는 곳에서 묵묵히 하나님의 사역에 최선을 다하고 있는 목회자들이 훨씬 더 많을 것이다. 『도둑맞은 헌금』의 저자 역시 사역현장에서 소명을 다하기 위해 진력하고 있다.

저자가 책에서 주장하는 본질은 모든 헌금은 즐겁고 기쁜 마음으로 드려야 하나님께서 열납 하신다는 것이다. 특히, 헌금이 잘못 사용될 때 엄청난 파멸을 초래함을 경고하면서 성경적인 헌금을 상세히 알려주고 있다. 다루기 힘든 헌금의 실태를 에세이 형식으로 알기 쉽게 기술한 저자의 책이 한국교계는 물론 사회 전반에 작은 불씨가 될 것을 기대하며 추천한다.

박성배 | 인천공항 한우리미션벨리 대표, 『일어나다』 저자

본서를 읽고 다시 한번 지난날 아픔의 과오가 떠오르지 않을 수 없었다. 나의 저서 『일어나다』에서 밝힌 바와 같이 10억여 원을 들여 교회건물은 멋지게 지었지만 먼저 나를 건축하는 데에는 부족하였다. 교회건물이 경매에 넘어가는 아픔을 통해 먼저 하나님 앞에 영혼의 성전을 지어 드리지 못함을 참회하게 되었다. 『도둑맞은 헌금』을 읽고 허황된 건축을 위해 눈물과 땀에 젖은 성도들의 헌금이 더 이상 헛되이 쓰이지 않기를 바라는 마음 간절하다. 헌금이 헌금답게 사용되는 데 귀한 지침서가 될 것을 의심치 않고 본서를 추천한다.

성이용 | 포항 성화교회 집사

책을 읽으면서 눈을 뗄 수가 없었습니다. 이처럼 한국교회의 헌금실태를 간단명료하게 해부한 글을 접한 적이 없기 때문입니다. 뿐만 아니라 헌금문제에 대한 종합적인 처방을 명쾌히 내렸다는 점에서 속이 후련했습니다. 저 역시 일평생 살면서 모든 문제의 중심에 '돈'이 있었음을 목도했습니다. 교회 역시 예외가 아니었고 오히려 더했습니다. 이제 행동할 때입니다. 국가의 주권이 모든 국민으로부터 나오듯이 교회개혁의 주도권은 바로 오늘 한국교회의 모든 교인들부터 나오기 때문입니다.

이 책은 흑암의 깊음 위에 있는 한국교회의 한 줄기 빛이 될 것입니다.

윤학렬 | 영화감독, 철가방 우수씨 등 다수

이병선 목사의 『도둑맞은 헌금』은 물질에 묶이고 타락한 이 시대 교회와 교인을 향한 주님의 눈물이시다. 글 곳곳에 주님과 동행하며 낮은 분들과 고와 낙을 함께해 온 목자의 모습을 본다. 그래서 그의 외침에 분노와 질책보다는 아픔과 사랑이 느껴지는 것일까? 하나님은 도둑맞은 헌금보다 이 글을 읽고 통회하는 우리의 기도를 원하신다!

목차

프롤로그 004
추천사 012

제1장
헌금의 정체

헌금의 베일이 벗겨지다 035
헌금에서 발견된 만성질환 040
돌아온 탕자의 헌금 046
영혼을 사고파는 헌금 052
목회자도 헌금의 정체를 모른다 057

제2장
헌금의 위장술

카멜레온이 된 헌금 065
공포로 거둬들인 헌금 069
헌금 짜깁기의 명수들 073
허울 좋은 전도 축제 079
인기스타가 된 헌금 083
계란 한 판과 헌금 1억 087
도깨비 방망이 헌금 092
대박 터뜨린 헌금주식 096
헌금 속에 든 부귀영화 099
헌금으로 제작된 천국열쇠 103

제3장
도둑맞은 헌금

낚시꾼의 대어가 된 건축헌금 109
헌금 바겐세일 114
헌금 굿판 벌인 부흥사 119
로스앤젤레스LA의 카지노로 간 헌금 122
뜯는 헌금 뜯기는 헌금 125
택배로 둔갑한 헌금 129
헌금 긁어모으는 초능력 132
헌금으로 사들인 감투 134
독배를 마신 헌금 137
도둑맞은 헌금 바구니 141

제4장

헌금 혁명군

부흥을 빙자한 건축헌금 추방 149
헌금 일지매를 키우라 153
십일조를 구출하라 156
앙탈부리는 헌금 길들이기 160
성도들 헌금 실력 키우기 163
헌금이 망해야 교회가 흥한다 167
헌금에 투명한 옷을 입혀라 170
헌금의 발목에 착고를 채우라 175
잃어버린 헌금 주인 찾기 180
헌금 혁명, 누가 일으킬 것인가? 183

제5장

헌금함에 눈물 꽃이 피어나다

헌금 속에 숨겨진 하나님의 비밀 189
한숨과 눈물에 젖은 헌금 193
암 환자의 감사 헌금 196
노숙인의 눈물로 드린 헌금 200
공동체 사역에서 깨달은 헌금 원칙 205

제6장
하나님이 말씀하시는 헌금

목회자들이여 들으라! 221
성도들이여 깨어 있으라! 228
세상 사람들이여 베풀라! 233
한국교회의 운명은 헌금 혁명에 달려 있다 240
하나님이 말씀하시는 헌금 247

에필로그 252
출간후기 258

제1장

현금의 정체

헛된 제물을 가져오지 말라 분향은 내가 가증히 여기는 바요
월삭과 안식일과 대회로 모이는 것도 그러하니
성회와 아울러 악을 행하는 것은 내가 견디지 못하겠노라

• 이사야 1:13 •

헌금의 베일이 벗겨지다

한국교회 헌금을 감싸고 있는 베일을 벗기고 보니 '헌금'이 온갖 질병으로 인해 신음하고 있음이 드러났다. 어쩌면 곧 사망선고가 내려질지도 모른다는 불길한 예감이 스쳐갈 정도로 심각한 상태다. 이제 헌금이 더 이상 질병에 시달려 고통당해서는 안 된다. 병든 헌금을 치료하기 위해서는 수치를 무릅쓰고 실오라기 하나 걸치지 않은 모습으로 사역자와 성도들 앞에, 그리고 세상과 하나님 앞에 서야 한다. 건강한 헌금은 우리 모두가 만들어 가야 할 의무와 권리가 있기 때문이다.

이제 썩어 곪아터진 환부를 성령의 검으로 도려내고 주님의 보혈로 소독하고 말씀의 약으로 치료해나가야 한다. 이대로 묵인하고 방관한다면 끝내는 암세포와 같이 퍼져나갈 것이다. 급기야는 헌금으로 인해 많은 교회들이 쓰러지고 넘어져 사지의 낭떠러지로 추락하고 말 것이다.

저주와 재앙과 모든 질병의 만병통치약으로 거짓 선전되어 온 헌금에 메스를 가해야 한다. 헌금으로 인해 TV에서, 신문에서, 모든 언론들을 통해 교계의 거목으로 추앙받던 목회자들이 쓰러지고 넘어지는 모습들이 낱낱이 보도되고 있다. 세상이 교회를 걱정하는 것처럼 보이나 실은 걱정하는 체하며 속으로는 마음껏 조롱하고 희롱하고 있다.

우리 모두는 하나님의 말씀에 반응하여 잘못된 헌금을 바로잡아 나가야 한다. 주님 오시는 그날까지 지속적으로 혁신해 나가야 한다. 로마는 하루아침에 건설되지도 않았지만 하루아침에 망한 것도 아니다. 이미 여러 분야에서 망하는 조짐이 여기저기 난무하였음에도 방치하였기에 결국 멸망의 길로 사라져 버린 것이다.

조선 땅에 복음의 씨앗이 뿌려지면서 우상의 땅에 어둠이 사라지고 서광의 빛이 들어온 지가 어언 130여 년이 넘었다. 차디찬 땅바닥에 가마니를 깔고 기도의 눈물로 무명적삼을 적셔가며 세워진 교회가 바로 오늘날의 한국교회이다. 그런데 짧은 기간 동안 놀라운 부흥의 역사를 일궈냈던 한국교회가 갈수록 심각한 위기에 직면하고 있다는 데 이의를 제기할 사람은 없을 것이다.

이대로 방치한다면 결국 서구지역의 교회들이 몰락해 갔던 과정의 전철을 밟게 될 것이다. 교회를 세우시는 이도 하나님이시요 교회를 제거하시는 이도 하나님이시다. 반석 위에 내 교회를 세우시겠다고 주님이 말씀하시기까지는 수없는 내적 갈등을 극복한 베드로의 참회가 있었다. 베드로의 신앙고백이 필요했던 것처럼, 오늘 한국교회에게 진정 필요한 것은 눈물 어린 참회의 고백이다. 지금까지 헌금이라는 미명하에 자행된 온갖 비리와 비행들을 토설해야 한다. 그리고 바른 길로 가는 것이다.

한국교회가 저지른 대부분의 죄는 결국 헌금이 원흉으로 지목되어 있음을 부인할 수 없다. 헌금을 우려내기 위해 성경의 이 구절 저 구절을 짜깁기한 죄, 수많은 영혼들을 헌금으로 실족시킨 죄, 온갖 집회를 가장하여 헌금 세일한 죄, 전도의 미명하에 호객행위를 한 죄, 헌금을 헌금답게 사용하지 못한 죄들을 이실직고 해야만 한다. 금식하고 재를 뒤집어쓰고 회개하듯 마음을 찢어야 한다. 범죄자 다윗의 영혼의 눈물이 주의 병에 한 방울 한 방울 채워졌을 때(시 56:8), 치유의 역사가 일어난 것처럼 속죄의 행동이 절실하다.

봉헌이라는 베일 속에 숨어 사악하고 간악하고 추악한 짓들을 조장해온 악령들의 궤계를 발본색원하여 더 이상 농락당하지 않도록 해야만 한다.

오늘날 한국교회는 헌금공화국이라 불릴 만큼 모든 예배에서 헌금을 강요하다시피 한다. 예배에서 헌금은 봉헌예식이다. 예배에서 헌금은 불가시적 믿음을 가시적 행위로 나타내 보이는 것이며 엄연히 신자의 의무요 특권임에 틀림없다. 하지만 오늘날 성도들은 헌금에 너무 지쳐 있다.

믿음 없이 드리는 가시적 헌금 행위에 신령과 진정이 사라져가고 위선과 가식을 드리고 있다. 수도 없을 만큼 다양한 명목을 붙여 거둬들이는 헌금에 성도들은 물론이요 사역자들조차 불평과 불만의 수준을 넘어 분노의 폭발일로에 있다. 이 모든 원인의 일차적 책임을 져야 할 당사자가 다름 아닌 목회자에게 있다. 그리고 그 목회자들을 양성하는 신학교는 무한 책임을 느껴야만 한다.

물은 반드시 위에서 밑으로 흐른다는 원리는 변치 않는다. 이것이 만고의 진리인 것처럼 열매는 뿌리를 통해 탐스럽게 되기도 하고 쭉정이도 되는 것이다. 사역자를 양성하는 신학교는 헌금교육에 일대 혁신을 일으켜야 할 교육 방침을 명확히 세우고 구현해 나가야 한다. 그리고 성도들은 헌금의 원리를 명확히 인식하고 이제 더 이상 신앙생활하면서 헌금으로 인한 스트레스를 받지 않아야 한다.

속담에 "밭 팔아 논 살 때는 쌀밥 먹자고 사는 것이다"라는 말이 있다. 먹고 나서 쉽게 허기지는 보리밥을 물리치고 배를 든든하게 채울 수 있는 쌀밥을 먹기 위해서다. 마찬가지다. 우리가 기독교를 선택하고 하나님을 믿는 것은 이 땅에 살아가면서 영으로 육으로 일만 가지도 넘는 복을 받기 위한 것이다.

그것은 가난하거나 부하거나 많이 배웠거나 못 배웠거나 권세가도의 길을 달리거나 험산 준령 계곡의 힘든 길을 걷거나 건강하거나 병들었거나 어떠한 형편에서도 자유 할 수 있는 진리를 얻을 수 있기 때문이다. 하나님께서는 어떠한 상황에서도 예수그리스도를 통해서 넉넉히 이겨 나갈 힘을 주신다. 특히, 마지막 날에 최후의 영원한 승자가 되게 해 주신다. 기독교는 분명 내세를 확신한다. "내세가 있다"라는 말은 이 땅에 잠시 머물다 간다는 말이요 죽음 이후에 영생복락의 세계가 펼쳐진다는 것을 의미한다.

헌금을 바치는 가장 큰 이유가 무엇인가를 성도는 분명히 깨달아야 하지만 간단히 이해될 수 있는 문제도 아니다. 이제 헌금의 베일이 벗겨진 만큼 하나님께서 주시는 총명과 명철과 지혜로 모든 문제에 대처해 나가야 한다.

> **· 마음 창고에 저장해 두는 한마디**
>
> 이제 썩어 곪아터진 환부를 성령의 검으로 도려내고 주님의 보혈로 소독하고 말씀의 약으로 치료해 나가야 한다.

헌금에서 발견된 만성질환

모든 질병에도 단계가 있다. 초기 단계에서부터 말기 증상까지 다양할 수밖에 없다. 만성질환에 걸려들면 회복이나 완치가 매우 힘들다. 특히, 만성질환에 걸리면 일시적으로 차도가 있는 것 같으나 호전과 악화를 반복한다. 점차 병세의 뿌리가 깊어져 치료에 상당한 기간을 요하게 될 뿐만 아니라 치유와 회복이 안 되면 결국 죽음에 이르게 된다.

헌금 역시 자의 반 타의 반식으로 수취되고 집행되면 만성질환과 같은 증상이 나타난다. 무엇보다 반 강제성이 동원되어 세금 걷듯이 모아지는 것이 습성화 되면 손댈 수 없는 지경에 이르게 된다. 성도들 간에 위화감이 조성되고 영혼을 치유하는 것이 아니라 몸치장 하듯 교회건물에 쏟아붓게 되며 감투를 세우는 데 이용된다.

아프리카에서 매년 모기로 인해 옮겨지는 말라리아로 100만~300만

명이 목숨을 잃는다. 아주 작은 모기주둥이에 의해 육안으로 관측될 수 없는 균들이 옮겨져 수많은 인명이 쓰러져가듯 헌금으로 인한 질환의 여파는 결국 한국 교회와 사회를 무너뜨리게 될 것이다. 헌금에서 곰팡이가 피어오르고 독소가 뿜어져 나오고 있다. 점점 걷잡을 수 없는 파경의 도미노 현상으로 인해 교회가 시름시름 앓는 고통 중에 넘어져 가고 있다. 건강을 지키는 일은 질병에 걸리기 전에 예방하는 것이다. 설령 질병에 걸렸다 하더라도 효험 있는 치유가 필요하다.

오늘날 한국교회가 헌금으로 인해 만성질환을 앓고 있는 이유가 분명 있다. 그중 하나는 용서함을 바라는 회개와 감사의 마음 없이 드리는 연유요, 또 하나는 헌금을 쓰는 자의 신앙이 형편없기 때문이다.

어렸을 적 유난히 피부병이 창궐하던 그 시절에 '이명래 고약'이라는 것이 있었다. 그 고약을 붙이고 하룻밤 자고 나면 웬만한 종기는 다 나을 수 있었다. 고약이 피고름을 다 빨아내어 근원적인 치료가 되기 때문이다. 이제 하나님 앞에 헌금의 치부를 드러내 놓아야 한다. 하나님께서 질환을 치료하시고 완치시킬 수 있도록 헌금의 잘못에 대한 참회를 허락하시고 치유시키실 것이다.

세상에서 돈은 혈액과 같다. 피가 잘 돌지 않으면 몸에 동맥경화가 오는 것처럼 돈이 돌지 않으면 각종 질병이 발병된다. 돈이 돌고 돌아야 하는데 돈이 잘 돌지 않으면 우리 생활에 '돈맥경화증'이 찾아오게 되는 것이다. 그러므로 각종 스트레스로 신경이 날카로워져 몸이 뇌

경색과 같은 무서운 질병으로 확산되는 것을 종종 목격하게 된다. '돈맥경화'는 마치 동맥경화와 같아서 삶의 질서를 뭉개 뜨려 급기야 가정이 균열되고 사회가 파괴되며 국가가 붕괴당할 수밖에 없는 만성질환이다.

그러나 우리는 인생사 모든 문제가 돈으로 다 해결될 수 없다는 것을 알아야 한다. 돈으로 호화로운 저택은 살 수 있으나 화목한 가정을 살 수 없고, 값비싼 침대는 살 수 있으나 그곳에서 단잠을 이룰 수 있는 마음의 숙면은 살 수 없다. 또한 고급시계는 살 수 있으나 소중한 시간을 살 수 없으며, 장서의 책을 들여놓아 지식 있는 것처럼 과시할 수 있으나 정작 필요한 하나님의 지혜는 살 수 없는 것이다. 무엇보다 값비싼 보약을 살 수 있다고 해서 단 하나밖에 없는 목숨까지 돈으로 살 수 있는 것은 아니다.

> "돈을 사랑함이 일만 악의 뿌리가 되나니 이것을 탐내는 자들은 미혹을 받아 믿음에서 떠나 많은 근심으로써 자기를 찔렀도다."
> (딤전 6:10)

돈 한 푼 없어도 갈 수 있는 곳이 천국임을 알아야 한다. "아브라함이 이르되 너는 살았을 때에 좋은 것을 받았고 나사로는 고난을 받았으니 이것을 기억하라 이제 그는 여기서 위로를 받고 너는 괴로움을 받느니라."(눅 16:25) 결국 천사들에게 받들어져 천국에 간 나사로는 이 땅에서 비록 거지였지만 하나님의 말씀을 의지하며 살았던 것이다.

하지만 부자는 그렇지 않았다. 자색 옷과 고운 베옷을 입고 날마다 즐기며 호화롭게 살았다. 이 말은 남을 보살피지 않고 자신만을 위해 지극히 이기적인 삶을 살았음을 말하는 것이다. 하나님께서는 부를 축적하고 있으면서도 취약한 계층을 외면하고 있는 자들의 말로가 어떻게 되는지를 아브라함과 나사로를 통해 예고해 주신 것이다.

오래전 필자의 신학교 동료가 사역하고 있었던 담임목사님 이야기이다. 그분의 명함 앞, 뒤에는 온갖 감투로 가득 차 있었다. 감투가 많다 보니 남에게 과시라도 하듯 교회 재정이 넉넉하지 않은 상태에서 교회 건축을 하였다. 건축 한지 얼마 되지 않아 이자와 빚을 감당하지 못해 경매에 넘어가기 일보직전까지 갔다. 그때 경매액수보다 더 준다는 이단교회의 제안을 받아들여 결국 이단에게 팔아넘기고 말았다.

교회와 성도를 지키지는 못할망정 돈 때문에 이단에게 교회를 팔았으니 통탄하지 않을 수가 없다. 목회자는 목회에 관심을 갖고 하나님께서 맡겨주신 양떼들을 돌봐야 할 책무가 있다. 자신의 과시를 위해 건물에 집착할 것이 아니라 성도들의 영혼의 양식을 채우는 데 주력해야 한다.

또한 한국교회의 공통적인 특징이 있는데 너 나 할 것 없이 '헌금상사병'을 앓고 있다는 것이다. 목회자는 성도들이 헌금을 교회에 아낌없이 바치기를 바라고 있지만 성도들이 힘겹게 번 돈을 헌금으로 낸다는 것은 결코 쉬운 일이 아니다. 목회자의 눈에 영혼으로 보여야 할 성도가 돈으로 보인다면 그 교회가 바로 '헌금상사병'을 앓고 있는 것이 아니겠는가?

평택에서 목회하는 어느 목사님의 말이 생각난다. 처음 교회를 개척하고 어려웠을 때는 교인 한 사람이 참으로 천하보다 귀하게 느껴졌다고 했다. 그래서 온 정성을 다해 양육에 힘을 쏟을 수밖에 없었다는 것이다.

몇 년이 흘러 성도 수가 늘어나고 헌금 액수가 많아지자 주일만 되면 은근히 "오늘은 헌금이 얼마나 들어올 것인가?" 궁금해지기 시작하더라는 것이다. 교인의 머릿수가 헌금으로 보이는 자신을 발견하고 깜짝 놀라 회개했다는 말을 직접 전해들은 적이 있다. 참으로 모두가 귀담아 새겨들어야 할 대목인 것이다.

마지막으로 '헌금공포증'을 앓고 있다. 헌금이 걷히지 않아 교회 문을 닫아야 한다는 공포에 시달리고 있다. 모든 사람들이 가장 중요하게 묻는 것이 "교인이 얼마나 됩니까?"라는 질문이다. 성도가 많으면 부흥한 교회요, 성도가 적으면 가난한 교회라는 공식이 이미 설정되어 있기 때문이다.

교인의 수를 기준으로 부흥을 평가하는 한 교회의 부익부 빈익빈 편중현상은 앞으로도 이어질 것이다. 가난한 교회로 발걸음이 옮겨지지 않기 때문이다. 교회에 대한 평가가 사람의 인원수에 따라 내려지는 이유는 애당초 마음이 콩밭에 가 있기 때문이다.

> **· 마음 창고에 저장해 두는 한마디**
>
> 오늘날 한국교회가 헌금으로 인해 만성질환을 앓고 있는 이유가 분명 있다. 그중 하나는 용서함을 바라는 회개와 감사의 마음 없이 드리는 연유요, 또 하나는 헌금을 쓰는 자의 신앙이 형편없기 때문이다.

돌아온 탕자의 헌금

인간의 못된 본성 중 하나가 있는 것에 감사하기보다는 불평으로 다져져 있다는 것이다. 안질이 생겨봐야 눈의 소중함을 알고, 밤새 치통을 알아봐야 비로소 치아관리를 잘 하지 못했음을 후회한다. 주말부부가 금실이 더 좋다는 연구가 발표된 적이 있었다. 항상 함께 있으면 귀한 줄 모르기 때문에 어쩌다 만나야 소중함을 알게 된다는 것이다.

필자는 무료 급식소를 운영하고 있다. 공짜로 먹는 밥은 귀한 줄 모른다. 어쩌다 진심 어린 감사표현을 하는 이들도 더러 있기는 하지만 대부분의 이용자들은 감사가 없다. 오히려 밥을 먹다 자기들끼리 사소한 시비로 다투기 일쑤다. 정부의 도움 없이 필자의 사비로 운영하다 보니 힘들 때가 많지만 이 물질 또한 주님께서 주신 것이니 오직 감사함으로 노숙인들을 섬기고 있다.

사람들은 사비로 운영하는 필자를 향하여 "대단하십니다."라고 말한다. 그러나 필자 또한 세상에서 주님 품으로 돌아온 탕자였었기에 하나님이 주신 것으로 하나님께 드리는 것은 당연한 일이다.

하나님의 무한하신 은혜에 감사하여 드려야 하는 것이 헌금의 본질이다. 몰랐던 하나님을 알게 된 것, 잃어버렸던 믿음을 되찾게 된 것, 사후에 갈 곳이 있다는 것, 무엇보다 현재의 죄인 된 삶에 하나님이 지속적으로 용서하시고 지키시기 위해 보호하고 인도하고 계시다는 사실에 감사하지 않을 수 없다. 그래서 감사의 표현을 가장 소중히 여기는 돈으로 대신하는 것일 뿐이고 감사를 아는 삶을 살아가고 있다는 증거를 나타내기 위함인 것이다.

3년 전 일이다. 교회 옆 건물에 밤에 일을 하는 청년이 8명 살고 있었다. 낮에 잠을 자다 보니 예배드릴 때마다 시끄럽다고 교회에 올라와 담배를 꼬나물고 갖은 욕설을 해대며 주일예배를 방해한 적이 한두 번이 아니었다. 경찰이 와도 8차선 대로변의 교회건물에서 예배드리는 것을 법적으로 하자를 걸 수는 없으니까 알아서들 하라고는 훌쩍 가버리고 만다.

서울역에서 깡패로 알려진 그들은 우리를 죽일 듯이 쏘아보고 갖은 욕설을 다 해대며 발로 문을 걷어차고 가버리기 일쑤였다. 참으로 난감하지 않을 수 없었다. 방음도 해 보았지만 서울역 철로가에 있는 건물들은 대부분 50여 년 된 건물이라서 별 효과가 없었다.

찬양을 인도했던 손예정 목사는 그들의 행패에 몹시 불안스러워했다. 마침 인근에 보증금 2천만 원에 월 2백만 원의 임대건물이 나와서 덜컥 계약을 치르게 되었다. 매월 2천여 명의 노숙인들에게 100% 사비로 무료급식을 하고 있었을 때였기에 당연히 경제적으로 어려웠다. 그저 하루하루 어려움 속에 겨우 버티고 있었으니까 월 2백만 원에 계약한 것은 정신 나간 짓이었지만, 행패에 시달리다 보니 절박한 심정이 아닐 수가 없었고 앞, 뒤를 잴 수 있는 상황도 아니었다.

당시 손예정 목사가 백석대학교 석사과정에 입학해서 MT를 가는 과정에서 목사님 한 분을 알게 되었다. 손 목사가 대화 중에 옆집 건달들로 인해 교회가 이사를 가야 하는데 걱정이 많다는 말을 하게 된 것이다. 그런데 그 목사가 하는 말이 자신의 선배 목사가 과거 전국구 유명한 조직깡패였었다는 것이다.

지금은 손을 털고 개과천선하여 목회자의 길을 걷게 되었지만 아직도 동료였던 깡패들은 암흑가에서 힘을 쓰고 있다는 것이다. 그는 평소 예배를 방해하는 것은 마귀짓이라 결코 용납할 수 없다는 말을 자주 했다는 것이다. 필자는 MT에서 돌아온 손 목사가 이런 저런 말을 하기에 그냥 한 귀로 듣고 흘렸다.

십여 일 후 모자를 꾹 눌러쓴 두 청년이 우리교회로 왔었다. 덩치도 별로인데 저 사람들이 전국구란 말인가? 손 목사가 사전에 모른 체하고 있으라고 해서 눈치만 보고 있었지만 내심 걱정이 되었다.

두 사람은 옆집에 찾아간 후 10분도 안 돼서 돌아왔다. 그들이 손 목사에게 말했다. "이제는 걱정하지 마세요, 사촌누나라고 했고, 한 번만 더 누나로부터 예배를 방해한다는 소리가 들려오면 그때는 각오하라." 라며 경고를 했다는 것이다. 자신들이 가서 레이저 광선을 "쫘~악!" 쏘고 왔으니 안심해도 된다는 것이었다. 필자는 내심으로 벌집을 쑤셔 놓은 것이 아닌가 염려스럽지 않을 수가 없었다.

어느 주일날 창문을 열어보니 이사를 할 테니 집을 얻어달라고 협박까지 했던 옆 건물 청년들이 소리 없이 이삿짐을 나르고 있었다. 2012년 4월 14일에 교회를 설립한 날이고 그들이 이사 간 날이 2014년 4월 13일 주일이었다. 설립한 지 정확히 2년이 되는 날이었고 옆 건물과 신규계약이 이루어진 날도 바로 이날이었다. 골치를 썩이던 그들은 이사를 가고 옆집 건물주인과 계약서를 작성하게 된 것이다.

그리고 더욱더 희한한 일이 벌어졌다. 우리가 이사를 가려고 하던 건물에서 해장국집을 운영하는 임차인이 결사반대를 했다. 살맛나는 교회가 오면 노숙인들이 몰려들어 장사를 망친다는 것이었다. 그래서 건물주에게 자신들이 나가겠다며 강력히 항의하는 사태가 벌어지게 된 것이다. 밤 11시경에 건물주로부터 전화가 걸려왔다. 통장계좌번호를 당장 알려달라는 것이었다. 계약금과 위약금을 포함해서 400만 원이 내 통장으로 입금되었다. 소문대로 압구정동의 저택을 소유하고 있는 건물주에게 위약금 정도는 푼돈과 같았나 보다. 지금은 당초 이사를 가야할 처지에서 옆집까지 얻어 사용하고 있다. 막혀 있던 벽을 제거하고 넓게 사용하게 되었는데 무엇보다 마음껏 찬송을 드릴 수 있는 공간이 있다는 것이 어찌 감사한지 하늘을 날 것 같았다.

이 사건에서 두 가지를 깨닫고 실감할 수 있었다. "여호와께서 온갖 것을 그 쓰임에 적당하게 지으셨나니 악인도 악한 날에 적당하게 하셨느니라."(잠 16:4)라는 말씀과 "그런즉 너희는 먼저 그의 나라와 그의 의를 구하라 그리하면 이 모든 것을 너희에게 더하시리라."(마 6:33)라는 말씀의 의미가 무엇인지 깊이 깨닫게 된 것이다.

속담에 "소를 사고 보니 새끼가 배어 있더라."라는 말이 있다. 이 표현이 꼭 맞는 것이 아닐지라도 원 플러스 원해서 400만 원이 들어왔고 그 돈으로 비가 새는 다락을 고쳤으니 일석이조가 된 것이다. 돈을 좇는다고 해서 돈이 잡혀지는 것이 아니라 돈이 사람을 좇아 다녀야 돈이 붙는다는 의미를 절감하게 된 사건이었다. 사역의 원리 또한 다르지 않다. "Do your best! in Jesus Christ" 예수 그리스도 안에서 맡겨진 사명에 최선을 다하면 된다. 그러면 사역을 해 나가는 과정에서 순간순간 최악과 싸워 최선의 결실을 이루게 하시는 하나님의 절대주권을 신비롭게 체험할 수 있기 때문이다.

마음 창고에 저장해 두는 한마디

하나님의 무한하신 은혜에 감사하여 드려야 하는 것이 헌금의 본질이다. 몰랐던 하나님을 알게 된 것, 잃어버렸던 믿음을 되찾게 된 것, 사후에 갈 곳이 있다는 것, 무엇보다 현재의 죄인 된 삶을 하나님이 지속적으로 용서하시고 지키시기 위해 보호하고 인도하고 계시다는 사실에 감사하지 않을 수 없는 것이다.

영혼을 사고파는 헌금

"영혼이 뭐라고 생각하십니까?"라고 물으면 명쾌하게 답할 수 있는 사람이 몇이나 될까? 이리저리 헤매다 결국 애매모호한 답변으로 말끝을 흐리고 만다. 영혼에 대해서 가장 자세하고 명확하게 설명한 책은 성경이다. 왜냐면, 영혼이라는 생명체를 만드신 이가 하나님이시기에 그렇다. 영혼을 이해하려면 바로 이와 같은 성경의 원리에서부터 출발하여야 한다.

소크라테스가 지적한 대로 우리는 자신을 다 알 수 없다. 특히, 하나님이 친히 만드신 영혼을 제대로 안다고 완벽하게 정의를 내리려 하는 자체가 우스운 일이다. "하늘에 계신 이가 웃으심이여 주께서 그들을 비웃으시리로다."(시 2:4) 인간은 자신의 몸속의 장기는커녕 몸을 이루고 있는 골격의 구성도 제대로 알 수 없다. 하물며 눈에 보이지도 만질 수도 없는 영혼을 단 몇 줄로 읊조린다는 것 자체가 무지의 교만함에서 기인된 발상이라 하지 않을 수 없다.

성경에는 하나님이 천치만물을 다 창조하신 후 가장 나중에 사람을 만드셨다고 기록하고 있다. 사람 만드실 때 바로 하나님 자신 형상대로 지었다고 하셨다. 사람 외에는 그 어떤 피조물도 하나님 스스로를 모델로 창조된 것은 없다.

"여호와 하나님이 땅의 흙으로 사람을 지으시고 생기를 그 코에 불어넣으시니 사람이 생령이 되니라."(창 2:7)

바로 사람의 영혼이 어떻게 생성되었는지 성경은 명쾌하게 기록하고 있다. 생기와 생령과 영혼은 뿌리가 같다. 결국 영혼이란 하나님의 형상대로 지어진 생령이다. 사탄에게 오염되지 않은 순수한 생령을 말한다. 생령의 영혼을 창조한 목적은 하나님 스스로를 위해서 만드셨다.

"이 백성은 내가 나를 위하여 지었나니 나를 찬송하게 하려함이니라."(사 43:21)

그런데 그렇지가 못했다. 그토록 따 먹지 말라고 신신당부하였건만 아담은 선악과라는 열매를 취하였다. 하나님의 영광은 고사하고 하나님께 대항하는 사탄의 종이 되어버리고 만 것이다. 생각과 마음과 정신의 뿌리는 영혼이며 영혼의 뿌리는 하나님의 형상이다. 뿌리가 하나님의 형상으로부터 사탄에게 옮겨지면서부터 고통과 죽음이 임하였다.

인간에게 내린 하나님의 벌은 '평생 수고'가 100% 담긴 '돈'이다. 그리고 수고한 대가는 '죽음'이다. 하나님을 믿는 성도는 죽음이 있기에 소망이 있고 행복할 수 있다. '돈'을 벌어먹고 살아야 하는 세상이 영원히 지속된다면 소망이 끊어져 괴로움의 연속일 수밖에 없다. 죽음이라는 세상의 끝남이 있으니 영혼의 소망이 있는 것이다. 우리들 각자의 삶을 마치고 주님의 품으로 가면 우리 영혼을 받아주실 것이다. 천국으로 입성하는 그곳에서 영원히 편히 쉴 수 있다. 하루하루 살아가는 것이 힘들고 괴롭더라도 하늘 소망을 바라보고 살아가는 것이 성도의 삶이다. 하나님의 본심은 우리가 영원히 고생하며 고통을 받는 것이 아니다. "주께서 인생으로 고생하며 근심하게 하심이 본심이 아니시로다." (애 3:33)

헌금으로 영혼을 사고팔 수는 없다. 영혼을 구할 수 있는 유일한 수단과 방법은 오직 예수그리스도를 통해서만이 가능할 뿐이다. 성경 어느 곳에서도 헌금으로 영혼을 매매할 수 있음을 암시하는 구절은 단 한 곳도 없다.

그런데 마치 헌금을 많이 하면 천국에 이르는 것처럼 허위 광고를 해대고 있다. 이미 구원의 확신이 있는 자에게는 헌금을 하지 말라고 해도 하게 되어 있다. 왜냐면 이 땅에 미련이 있는 것이 아니라 하늘에 소망이 있기 때문이다. 헌금을 내라고 강요하기 전에 구원의 확신에 이르도록 기도하고, 가르치고, 본을 보여 신앙 체험에 이르도록 해야 한다.

하나님께서는 예수님 한 분의 제물을 통해 구원을 바라는 인간의 죄를 속량해 주셨고 죽음에서 부활시키셨다. 이것을 하나님께서 기뻐하신 것이다.

"예수께서 이르시되 내가 곧 길이요 진리요 생명이니 나로 말미암지 않고는 아버지께로 올 자가 없느니라."(요 14:6)

헌금을 많이 내면 천국에 가고 헌금을 떼어 먹으면 지옥에 간다고 주장하는 해괴망측한 거짓의 아비들이 점점 많아지고 있다. 노골적으로 헌금을 거두어들이기 위해 성도들을 겁박하고 있는 것이다. 베드로 성당을 짓기 위해 헌금을 받아 천국티켓을 팔아먹었던 16세기 판 면죄부 사건이 재연되고 있는 조짐들이 곳곳에서 나타나고 있다.

예배의 봉헌에서 헌금을 바치는 이유는 이미 구원받은 백성이 감사의 마음으로 '평생수고'의 상징인 '돈'의 의미를 회상하는 것이다. 그리고 '돈'의 족쇄에서 영원히 해방된다는 하늘의 소망을 갖고 하루하루 기쁨을 맛보며 살아가는 것이다.

"돈을 사랑함이 일만 악의 뿌리가 되나니 이것을 탐내는 자들은 미혹을 받아 믿음에서 떠나 많은 근심으로써 자기를 찔렀도다."
(딤전 6:10)

도스토옙스키의 작품 『죄와 벌』은 돈의 위대함에서부터 출발한다.

곪아 썩을 대로 썩어버린 러시아 지배층과 부패의 먹이사슬이 되어 짐승 같은 삶에 신음하는 피지배층, 부를 가진 자들은 쾌락을 사기 위해 매음굴을 찾지만 매춘부는 생계를 위해 몸을 판다.

주인공 라스콜리니코프는 가난으로부터의 혁명을 일으키기 위한 1차 대상으로 전당포 노파를 지목한다. 전당포 주인의 돈은 사악하게 벌어들인 돈이다. 사악한 돈은 악랄한 방법을 사용해도 전혀 무방하다는 주인공, 그는 노파를 도끼로 내리쳐 죽이고 이를 목격한 노파의 동생 백치 리자베타마저 무참히 살해한다. 이후 시베리아로 유배생활을 하면서 자신의 영혼이 돈에 매수당했음을 깨닫는 순간 그의 영혼이 새롭게 깨어난다. 하나님이 만드신 순수한 영혼은 '돈'에 의해 좌지우지되는 것이 아니다.

> **· 마음 창고에 저장해 두는 한마디**
>
> 헌금으로 영혼을 사고팔 수 없다. 영혼을 구할 수 있는 유일한 수단과 방법은 오직 예수그리스도를 통해서만이 가능할 뿐이다. 성경 어느 곳에서도 헌금으로 영혼을 사고팔 수 있음을 암시하는 구절은 단 한 곳도 없다.

목회자도 헌금의 정체를 모른다

하나님으로부터 소명을 받은 목사가 사명을 감당하기 위해 수행하는 직무범위는 엄청나다. 기도, 설교, 말씀, 교육, 상담, 선교, 구제, 행정, 교회정치, 사회봉사, 시설관리 등등 전천후의 역할을 감내해 나가야 한다. 물론 교회가 전문적인 인재를 채용할 수 있다면 분야별로 세분하여 협력할 수 있어 그리 문제 될 것은 없을 것이다. 그러나 한국교회의 현실에서 1인 다역을 해나가야 하는 교회가 상당수인 점을 감안하면 직무수행에 만전을 기하지 않으면 안 될 것이다. 특히, 목회자로서 숙지해야 할 성경적 전문지식이 결여되어 있다면 문제는 심각하다.

필자가 박사학위 논문에서 헌금에 대한 목회자와 성도의 인식도 조사 결과를 분석 평가한 바가 있다. 당시 조사에 의하면 가장 먼저 성경적 헌금의 본질과 원리를 명확히 알아야 할 목회자들이 의외로 헌금을 왜 해야 하는지를 인식하지 못하고 있었다. 조사대상의 67.1%가 명확하게 알고 있다고 답변하였으나 구체적으로 어떻게 알고 있느냐고 질의했을 때 "헌금은 사죄와 구원, 그리고 영생에 대한 마땅한 응답이다."라고 답변한 목회자는 30%에 불과 했다.

응답자의 47.1%가 헌금은 성도의 마땅한 의무라고 답변함으로써 뜬구름 잡는 식의 막연한 인식을 하고 있는 것으로 조사되었다. 나머지 14.3%는 "헌금은 복음사업을 위해 반드시 필요하다."라고 하였고 "헌금을 내면 하나님께서 축복을 주신다."라는 응답자가 8.6%였다. 성경에서 말씀하고 있는 헌금에 대해서 명확히 인식하지 못한 상태에서 헌금을 수취하고 사용했을 때 부작용은 심각하다.

또한, 신학교에서 헌금에 대한 전문교육이 전혀 이뤄지지 않고 있음이 밝혀지기도 했다. 단지 성경적 헌금에 대한 유사한 과목을 이수한 적이 있다고 답변한 비율이 5.7%에 불과하였고, 94.3%는 아예 이수한 적이 없다고 답변하였다. 당시 확인한 결과 헌금에 관한 유사한 과목을 개설하여 학생들에게 가르치고 있었던 곳은 '교회와 재정'이라는 과목을 개설한 영남신학대학교가 유일하였다. 성경에 나타난 헌금사상에 대한 가장 중요한 본질의 핵심을 명확히 알고 설명할 수 있는 목회자를 신학교에서 양산해 내지 못하고 있다는 방증이다.

성경에서 기록하고 있는 모든 예배 과정에서 빼놓을 수 없는 제의가 봉헌이다. 구약시대의 제사는 번제, 화목제, 속죄제, 속건제, 소제 등 다섯 가지로 분류되었다. 짐승의 피가 요구되는 제물의 희생을 통해서 드리는 제사가 하나님께 열납 되었다. 그리고 신약에서의 제물은 예수님 자신이다. 신약에서의 봉헌의 의미는 예수 그리스도의 십자가 죽음과 부활을 통한 사죄와 구원의 영생에 대한 은혜를 가시적인 물질로 표현해 내는 것이다. 뿐만 아니라 믿음의 열매를 맺도록 해 주심에 대한 감사와 이에 대한 헌신의 응답이 담겨 있다.

무릇 성도는 불가시적인 믿음을 가시적인 행위로 나타내 보일 수 있어야 한다. 신, 구약에서 두 모델을 찾아본다면 구약에서는 아브라함이 자신의 독생자 이삭을 제물로 드린 것(창22:1~18)과 신약에서는 예수님께서 유일하게 칭찬하셨던 과부가 바친 두 렙돈의 헌금이다. 봉헌정신의 특징을 찾는다면 구약의 봉헌은 하나님의 철저한 명령에 의한 것이요, 신약의 봉헌은 자발적인 것이다.

> "예수께서 눈을 들어 부자들이 헌금함에 헌금 넣는 것을 보시고 저들은 풍족한 중에서 헌금을 넣었거니와 이 과부는 그 가난한 중에서 자기가 가지고 있는 생활비 전부를 넣었느니라 하시니라."(눅 21:4)

요즈음 온통 가짜 예수가 판친다. 사이비 이단의 두드러진 공통점의 특징 하나가 다 자기가 하나님의 아들로 점지되었다는 것이다. 심지어 하나님 아버지가 계시니까 하나님 어머니도 존재한다는 것이다. 지나가는 강아지가 웃을 일인데도 잘들 속아 넘어간다. 조물주의 존재를 세상의 인생들과 비교하는데 과연, 하나님께서도 인간들이 사용하는 물질을 필요로 하시는가? 결코 그렇지 않다. 우주만물의 창조주가 하나님이시다. 이단의 속성 중 하나가 바로 물질을 거두는 데 혈안이 되어 있다는 것이다. 이단에게 현혹되면 헌금을 갖다 바치는 정도가 아니라 아예 땅문서를 바치게 되고 만다. 그들은 하나님을 전지전능한 창조주로 여기지 않고 인간으로 격하시키는 행태를 자행하고 있다.

"하나님은 살아 있다!"라고들 하는데 하나님이 살아 계시다면 언젠가는 죽으셔야만 할 것이 아닌가? 그러나 하나님은 살고 죽는 분이 아니시다. 생명과 죽음도 복과 화도 그분이 결정하신다. 즉, 인간의 생사화복이 하나님의 주권에 있다. 전지전능, 무소부재, 편재 편만하신 유일신이 여호와 하나님이시다. 그분은 돈을 원하지도 필요하시지도 않는 분이시다.

헌금을 하는 이유는 단 한 가지이다. 사죄와 구원의 영생에 대한 기쁜 소식을 전하는 데 소요되는 비용이 필요한 것이다. 하나님께서 주님을 통해 죄를 완전히 사해 주셨고 몸이 썩지 아니할 신령한 몸으로 부활됨은 물론 영원히 산다는 상상할 수 없는 약속을 이루셨다. 이것에 대한 신앙고백을 한 성도가 복음전파의 사명을 갖고 교회에 내는 것이 헌금인 것이다.

성도들이 드린 헌금의 사용 목적은 다양하다. 헌금으로 낸 돈으로 교회를 운영한다. 인건비가 지출되어야 하며 시설관리를 위한 유지비가 필요하다. 이 모든 비용은 교회의 사명을 감당하는 데 필요한 것이다.

교회의 사명은 복음을 전하는 것이다. 예수님 재림 때까지 예수 천국, 불신 지옥을 외치며 하나님께서 땅 끝까지 이르러 내 증인이 돼라 하신 지상명령(행 1:8)을 수행해야만 한다.

넓은 의미에서 헌금은 결국 복음전도 사업비로 사용되는 것이다. 그리고 고아와 과부와 나그네를 돌봐주는 데 소요되는 비용으로 교회헌금이 지출되어야 한다. 또한, 국내는 물론 세계 곳곳에서 가난과 질병으로 인해 고통받고 있는 자들을 도와야 한다. 사회적으로 소외계층에 머물고 있는 이들을 대상으로 먹이고 입히고 재우고 생필품 등을 지원하는 데 드는 구제사업비용에 헌금이 필요한 것이다.

> **마음 창고에 저장해 두는 한마디**
>
> 헌금을 하는 이유는 단 한 가지이다. 사죄와 구원의 영생에 대한 기쁜 소식을 전하는 데 소요되는 비용이 필요하기 때문이다. 하나님께서는 주님을 통해 죄를 완전히 사해주셨고 몸이 썩지 아니할 신령한 몸으로 부활됨은 물론 영원히 산다는 약속을 이루셨다. 이것에 대한 신앙고백을 한 성도가 복음전파의 사명을 갖고 교회에 내는 것이 헌금인 것이다.

제2장

현금의 위장술

한 사람이 두 주인을 섬기지 못할 것이니 혹 이를 미워하고
저를 사랑하거나 혹 이를 중히 여기고 저를 경히 여김이라
너희가 하나님과 재물을 겸하여 섬기지 못하느니라.

• 마태복음 6 : 24 •

카멜레온이 된 헌금

"바울이 아덴에서 그들을 기다리다가 그 성에 우상이 가득한 것을 보고 마음에 격분하여 내가 두루 다니며 너희가 위하는 것들을 보다가 '알지 못하는 신에게'라고 새긴 단도 보았으니 그런즉 너희가 알지 못하고 위하는 그것을 내가 너희에게 알게 하리라."

(행 17:16,23)

필자의 어린 시절에는 고사를 지내는 집이 많았었다. 고사떡을 대문과 장독대와 벽장과 부엌과 쌀독에 놓았던 것을 흔히 볼 수 있었다. 심지어 화장실에도 갖다 놓고 액땜을 할 수 있다고 믿었다. 집안의 터줏대감인 온갖 신들의 비위를 맞추기 위해 떡을 제물로 바쳤던 것이다. 고사를 통해 갖은 명목으로 위장된 악령의 우상들을 섬겼던 것이다.

오늘날 한국교회는 온갖 헌금의 명목으로 위장된 맘몬을 하나님보다 더 높은 신으로 섬기고 있다. 우리는 이 시점에서 일제 강점기 때 일본이 미국을 상대로 태평양전쟁을 일으키기 위해 조선의 민초들을 상대로 온갖 쇠붙이와 물자를 공출해 갔던 시대를 떠올리지 않을 수 없다. 한국의 기성교회들은 돈을 거두어 들이기 위해 수십 가지나 되는 헌금 명목으로 교인들에게 압박을 가하고 있다. 이렇게 묵시적 강요로 인해 수취된 헌금은 성직자의 타락과 교회적폐의 온상이 되기에 이르렀다. 그 결과 오늘날 수많은 헌금 메뉴가 양산된 것이다.

기본헌금으로는 이러한 것들이 있다. 주일헌금, 감사헌금, 십일조헌금, 주정헌금, 월정헌금, 구제헌금, 심방감사헌금, 구역헌금, 헌신예배헌금.

절기헌금으로는 이러한 것들이 있다. 신년감사헌금, 부활절헌금, 맥추절감사헌금, 추수감사절헌금, 성탄절헌금, 오순절헌금, 입춘헌금, 입추헌금.

선교헌금으로는 이러한 것들이 있다. 국내선교헌금, 해외선교헌금, 방송선교헌금, 문서선교헌금, 밀알선교헌금.

특별헌금으로는 이러한 것들이 있다. 세례헌금, 작정기도헌금, 일백번제헌금, 일천번제 헌금, 출생헌금, 순산헌금, 백일헌금, 돌헌금, 헌아식헌금, 장례헌금, 별세헌금, 교회개척헌금, 교회분립헌금, 부흥집회헌금, 취업헌금, 퇴직헌금, 차량구입헌금, 교회비품구입헌금, 주님영접헌금, 주님동행헌금, 해외방문헌금, 꽃꽂이헌금.

임직헌금으로는 이러한 것들이 있다. 목사안수헌금, 장로임직헌금, 권사임직헌금, 안수집사임직헌금, 교사임직헌금.

건축헌금으로는 이러한 것들이 있다. 대지구입헌금, 신축헌금, 교육관헌금, 수양관헌금, 선교센터건립헌금, 기도원헌금, 묘지구입헌금.

보금자리헌금으로는 이러한 것들이 있다. 신혼헌금, 새집마련헌금, 화목한가정헌금, 이사헌금, 매도헌금. 해외이주헌금.

기념헌금으로는 이러한 것들이 있다. 순산헌금, 생일헌금, 결혼기념헌금, 회갑헌금, 칠순헌금, 팔순헌금, 금혼헌금, 삼일절헌금, 광복절헌금, 어린이날헌금, 어버이날헌금.

건강안전헌금으로는 이러한 것들이 있다. 가족건강헌금, 입원헌금, 수술헌금, 치유헌금, 백세헌금, 장수헌금. 출장 중 보호헌금, 여행 중 보호헌금.

학업헌금으로는 이러한 것들이 있다. 합격헌금, 입학헌금, 등록금헌금, 방학헌금, 졸업헌금, 장학헌금, 유학헌금.

목적헌금으로는 이러한 것들이 있다. 서원헌금, 응답헌금, 금식헌금.

지금까지 열거한 헌금종류가 100여 가지가 된다. 필자의 논문 "한국 교회 헌금 인식도 분석을 통한 목회활성화 방안 연구"에서 설문조사에 임한 대상자의 41.4%가 헌금의 종류가 너무 많아 조정할 필요가 있다고 응답한 바 있다. 헌금의 종류를 통합하고 단일화 하는 방안이 연구되어 개선해 나가야 한다.

무엇보다 헌금을 내는 성도들의 현실을 생각해야 한다. 대부분 서민 경제생활을 영위하고 있는 성도들은 매일 매일 써야 할 생활비로 허리가 휘고 있다. 눈을 뜨는 순간부터 '돈' 미터기는 돌아간다. 하루하루 살아가는 데 들어가는 돈의 명칭이야말로 이루 헤아릴 수 없이 많다. 과연 성도 한 사람을 대상으로 수없이 많은 명목의 헌금을 세금고지서 발부하듯이 압박해 대고 있는 교회는 제정신인가? 냉철하게 반성해야 한다.

> • 마음 창고에 저장해 두는 한마디
>
> 성도 한 사람을 대상으로 수없이 많은 명목의 헌금을 세금고지서 발부하듯이 압박해 대고 있는 교회는 제정신인가? 냉철하게 반성해야 한다.

공포로 거둬들인 헌금

모든 헌금은 교인들의 각자 형편대로 자발적으로 내는 것이 기본이다. 교회 현관 입구에서부터 빼곡히 진열된 각종 헌금봉투는 교인들의 심리에 압박을 가하고도 남음이 있다. 헌금을 내지 않으면 개인과 집안에 불길한 일이 닥칠 것이라는 암시를 주는 설교 역시 교인들의 심리에 불안요인으로 작용할 수밖에 없다. 은연중에 헌금을 많이 하는 성도의 사례를 집중 조명하면서 헌금수취에 열중하고 있다.

복을 바라며 복채를 바치는 것은 전형적인 우상숭배의 제의에서 나타나는데, 사무엘 상 6장에서 그 사례를 살펴볼 수 있다. 블레셋 사람들이 이스라엘로부터 빼앗아 온 하나님의 법궤를 아스돗에 있는 다곤의 신상 곁에 두었을 때 멀쩡히 있던 다곤 신상이 박살이 나 버리고 만다.

또한, 독한 종기로 인해 아스돗과 그 지역이 재앙을 당하게 된다. 그러자 블레셋 사람들이 복술객에게 원인을 물었을 때 법궤를 돌려보내야 한다는 말을 듣게 된다. 그러면서 이스라엘의 신으로 알려진 법궤를 보내려면 속건제를 드려야 한다고 알려준다. 또한 땅에 노여움이 내릴지 모르니 독한 종기 형상과 쥐의 형상을 만들어 이스라엘의 신께 영광을 돌려야 한다고 말한다. 이 모든 행위는 이스라엘이 신으로 섬기고 있는 하나님의 환심을 사기 위한 것이라고 설명한다. 과연 하나님께서는 뇌물로 인해 자신의 공의를 거두신단 말인가?

부흥사들이 성도들에게 "헌금을 바치지 않으면 저주를 면치 못할 것이요, 하나님으로부터 형벌을 받는다."라고 강조한다면 이는 율법주의적인 방식이다. 부흥사인 강○○ 목사는 강남 모 교회 부흥집회 시 강단에 올라가 헌금봉투가 없는 것을 보고 "이렇게 깨끗한 집구석은 처음 보았어, 이 지랄을 허구서 어떻게 축복을 받으려고 하는지 이 집구석도 싹이 노랗네!"라고 고성을 질러댔다. 이런 식으로 헌금을 강조할 때 성도들은 헌금을 기쁨과 감사함으로 바칠 수가 없는 것이다. 두려움의 공포 속에 어쩔 수 없이 헌금할 수밖에 없다.

1년 전 강남의 모 기도원에서 부흥집회를 하는 과정에서 성도 한 사람이 강단으로 나가서 헌금에 대한 간증을 하는데 기막힌 사연이 소개되었다. 십일조를 6개월 동안 떼어 먹었더니 하나님께서 교통사고를 나게 하셔서 병원비가 에누리 없이 딱 6개월 십일조 금액만큼 나왔다는 것이다. 혀가 찰 간증이었다. 교회들은 대부분 부흥회에 초청된 강사들을 통해 선포되는 설교 내용의 초점을 헌금에 맞추고 있다. 헌금한 액수만큼 축복받고 헌금에 인색하면 저주와 재앙이 닥친다고 겁박하는 수법이 공식화되어 있다.

　결국 공포의 겁에 질린 성도들은 감정과 분위기를 고조시키는 강사의 종용에 따라 헌금하기로 작정하고 만다. 또한 '별미헌금'이라는 헌금 명목은 초청된 부흥강사의 몫으로 챙기기 위해 붙여진 명칭이다. 집회에 참석하여 얼떨결에 자신도 모르는 사이 헌금을 내기로 작정하겠다고 손을 들게 되면 작정자 별로 장황한 내용의 축복기도를 해 준다. 그러나 기도를 받을 때는 몰랐다가 고조되었던 열기가 가라앉고 집에 돌아가는 길에 과중한 헌금납부의 짐을 맡았다는 사실을 깨닫게 되는 순간 발걸음 떼기가 너무나 힘든 것이다. 그래서 사람들은 '심령대부흥회'가 아니라 '헌금대부흥회'라고 부르기도 한다.

　서울에서 유명한 부흥사로 알려진 이○○ 부흥사는 기도하기 전에 강대상에 올려진 헌금 봉투를 들고 일일이 호명하면서 큰 소리로 기도해 준다. 기도하는 과정에서 헌금 봉투를 만지작거리면서 봉투가 얇으면 성의가 없다며 집어던지기도 한다. 집회가 끝날 때까지 교회 중직들을 맨 앞자리에 앉혀 두고 헌금하지 않으면 재앙이 닥칠 것이라는 협박으로 공포의 도가니로 몰아넣는다. 결국 장로 중 한 사람이 1억 원을 헌금하도록 한 바도 있다. 집을 담보해서 은행대출로 1억 원의 헌금 작정을 한 장로는 이후 가정불화를 겪으며 결국 그 교회를 떠나게 된 사실이 알려지기도 했다. 교회를 강도의 굴혈로 만들고 있는 이들은 결국 교인들로부터 돈을 뜯어낼 뿐만 아니라 가정을 파괴하는 악랄한 수단 방법을 동원하기까지 한다.

부흥강사라는 미명하에 공포를 조성하면서 성도들의 곳간마저 털어대는 사역자들의 눈에는 오직 '돈'을 긁어모으는 데 목적이 있을 뿐 성도들의 재정형편은 전혀 아랑곳 하지 않는다.

> "지으신 것이 하나도 그 앞에 나타나지 않음이 없고 우리의 결산을 받으실 이의 눈앞에 만물이 벌거벗은 것 같이 드러나느니라."
> (히 4:13)

우선 먹기는 곶감이 달다는 말처럼 당장은 드러나지 않는다. 그러나 각자가 지은 악의 쓴 열매는 반드시 당사자가 먹도록 되어 있음을 간과해서는 안 된다.

> "하나님은 모든 행위와 모든 은밀한 일을 선악 간에 심판하시리라."(전 12:14)

마음 창고에 저장해 두는 한마디

모든 헌금은 교인들의 각자 형편대로 자발적으로 내는 것이어야 한다. 자의 반 타의 반으로 내는 헌금은 갈 곳 없는 나그네처럼 정처 없이 떠돌아다닐 뿐이다.

헌금 짜깁기의 명수들

성경에는 의외로 물질에 관한 내용이 상당히 많이 수록되어 있다. 신, 구약 안에는 직·간접적으로 돈과 관련된 구절이 16,000개 이상이 기재되어 있다. 신약성경에서는 사랑이란 주제 다음으로 많이 다루어진 것이 물질이나 돈에 관한 것이다. 예수님의 비유말씀 중에도 2/3 정도가 물질과 연관되어 있다. 그러나 모든 비유의 본질은 하나님에 대한 사랑보다 돈을 더 사랑해서는 안 된다는 것이다.

그런데 '돈'에 혈안이 되어 있는 사역자들이 헌금에 대한 성경 내용을 단편적으로 아전인수격으로 해석하고 있다. 일례로 솔로몬의 일천 번제의 제사를 마치 하나님을 향한 절대적 신앙의 지표인 양 헌금을 걷는데 악용하고 있음은 심히 안타까운 처사이다. 일천 번제의 허구를 밝혀내야 한다. 솔로몬의 일천 번제는 한 번에 천 마리의 짐승을 태워 올린 것인데 마치 한 번 두 번 쌓아 올린 것처럼 날조하고 있다. 또한, "빈손으로 내 앞에 나오지 말지니라."(출 23:15)라는 구절을 마치 예배드릴 때마다 헌금을 들고 나오라는 말로 곡해하여 교인들에게 부담을 가중시키고 있다.

"사람이 어찌 하나님의 것을 도둑질하겠느냐 그러나 너희는 나의 것을 도둑질하고 말하기를 우리가 어떻게 주의 것을 도둑질하였나이까 하는 도다 이는 곧 십일조와 봉헌물이라."(말 3:8)

십일조와 봉헌물을 도둑질하고 있다고 지적한 말라기 말씀도 제물만 들고 나오라는 뜻이 아니다. 한글성경을 자세히 살펴봐야 한다. 거의 모든 성경 번역본이 비슷하게 번역이 되어 있다. 예를 들어 출애굽기 말씀 (출 23:15)을 통해 알아볼 수 있다. "빈손으로 내 앞에 나오지 말지니라."(개역개정판) "내 앞에 빈손으로 나오지 마라."(공동번역) "너희는 빈손으로 내 앞에 나와서는 안 된다."(표준 새 번역) 일단 세 가지 번역본이 모두 다 "빈손으로 나오지 말라."라고 번역했다. 빈손의 의미를 명확히 해석해야 한다. 빈손이라고만 했지 구체적으로 무엇이라고는 지목하지 않았다.

오늘날 헌금설교에서 손에 뭔가를 들고 오면 되는 것으로 일반적으로 해석하는 경우가 많다. 다시 말해서 예배에 참석하기 위해서는 헌금을 손에 들고 오라는 것으로 해석해 대고 있다. 성경의 원어의 해석에 의한 '빈손'은 그야말로 아무것도 가진 것 없는 빈손을 뜻하고 있는데 흔히 사용되는 "공수래공수거"의 손을 의미한다.

가수 최희준 씨가 부른 '하숙생'의 가사에서와 같은 빈손을 말한다. "인생은 나그네 길 어디서 왔다가 어디로 가는가? 인생은 벌거숭이 빈손으로 왔다가 빈손으로 가는가?"의 가사 내용과 같이 아무것도 없는 상태를 말한다. 가지고 온 것 없듯이 갈 때도 빈손으로 가는 것을 말한다. 그래서 죽은 사람에게 입히는 수의에는 호주머니가 없다고 하지 않던가. 빈손이란 의미에는 눈에 보이는 제물만 들고 나오라는 뜻만 담겨 있는 것이 아니다. 그것은 거짓이 없는 빈 마음, 정결하고 순결한 마음, 가난한 마음, 상한 마음, 찢어진 마음을 가지고 나오라는 의미이다.

일천 번제라는 말은 앞서 언급하였듯이 솔로몬 왕이 하나님께 제사를 지낼 때에 한꺼번에 짐승 일천 마리를 번제로 드린 제의에서 유래한 말이다. 그런데 유감스럽게도 우리 한글 번역에 '일천 번제'라고만 해 놓으니까 번제, 즉, 태워 올리는 제사를 한 번 두 번 할 때의 횟수로 오해를 하게 된 것이다. 그래서 솔로몬이 일천 번番 제사를 드렸던 것으로 해석하는 경우가 있다. 이는 고의적으로 해석의 오류를 범하여 천 번番을 헌금하도록 유도하는 것이다. 천 번의 헌금을 하게 되면 솔로몬에게 지혜와 부귀영화를 주셨던 것처럼 동일한 복을 받게 될 것이라는 기복적 헌금을 조장해 대는 악행의 기만전술과 같다.

"너는 무교병의 절기를 지키라 내가 네게 명령한 대로 아빕월의 정한 때에 이레 동안 무교병을 먹을지니 이는 그 달에 네가 애굽에서 나왔음이라 빈손으로 내 앞에 나오지 말지니라."(출 23:15) 여기서 무교병의 절기란 바로 무교절을 말한다. 무교절이란 유월절 다음 날부터 시작하여 다음 안식일까지 이어지는 의식이다. 하나님께서 이스라엘 백성들이 애굽의 노예에서 해방되던 날 황급히 먹고 떠나기 위해 누룩 없는 반죽으로 무교병을 만들어 먹었던 당시를 기억하기 위한 절기를 말한다. 이후 유대인들은 무교절을 가족끼리 모여서 음식을 나누는 의식으로 이어갔다. 그들은 집안에서 식구들과 함께 모여서 누룩이 들어 있지 않은 음식을 먹으면서 절망의 과거를 회상했다. 하나님이 애굽의 압제에서 구원해 주신 일들을 상기하며 현재의 믿음생활을 점검해 보는 것이다. 따라서 그들은 집 안에 있으므로 굳이 따로 예물을 바칠 필요가 없었던 것이다. 그러므로 이 구절의 주안점은 무교절의 의미를 제대로 알고 잘 지키라는 데 있는 것이다.

하나님께서 절기들을 지키라는 이유를 살펴보면 이스라엘 백성들로 하여금 과거에 하나님에 의해 구원받았고, 현재에도 하나님의 은혜로 살아가며, 앞으로도 하나님의 은혜로 살아갈 것임을 깨닫게 하는 데 그 목적이 있다.

따라서 "빈손으로 내 앞에 나오지 말지니라"라는 말을 단순하게 직역하여 생각해서는 안 되며 성경말씀의 문장 전체의 뜻에 비추어 해석해야 한다. 그러므로 흔히 주장하는 "빈손으로 오지 말라."라는 말씀의 의미는 반드시 손에 예물을 들고 나와야만 하는 것으로 해석해서는 안 된다. 예물을 드리는 것이 목적이 아니라 왜? 하나님께 나와야 하는지에 대한 목적을 분명히 알라는 것이다. 따라서 물질적인 드림은 아주 부차적인 것에 불과하다. 그런데도 불구하고 예물을 바치지 않으면 예배가 드려지지 않는다고 하는 것은 성경말씀을 잘못 알고 하는 말이다.

그렇다면 하나님께서 원하시는 것은 무엇인가? 그것은 원어 성경이 어떻게 말하고 있는가를 살펴봐야 한다. '빈손으로'라는 문자에 해당하는 히브리어 '레캄'은 '공허하게', '쓸데없이', '헛되이'라는 의미를 지니고 있다. 따라서 '빈손으로'라고 번역하기보다는 '헛되이'라고 번역하는 것이 더 타당하다. 결국 빈손이라는 단어는 물질 등 구체적으로 눈에 보이는 가시적인 물건을 말하기보다는 불가시적인 정성이 담긴 마음 쪽에 더 중점을 둔 것이다.

결론적으로, "빈손으로 내게 보이지 말지니라."라는 말씀은 예배드릴 때에 헌금을 바쳐야만 한다는 의미가 아니다. 하나님을 찾을 때 하나님에 대한 은혜를 마음의 중심에 두고 하나님이 행하신 기적과 기사와 표적과 이적들을 잊지 말라는 것이다. 하나님께서 이스라엘 백성을 향하여 베푸신 구원의 모든 역사를 기억하는 것이다. 그래서 어떤 마음가짐으로 하나님을 향한 제사에 참여해야 하는지를 깊게 새겨야 할 것이다. 오늘날 모든 성도에게도 이 원리는 동일하게 적용되는 것이다. 따라서 이 구절을 헌금과 연결시키는 해석은 논리의 비약에 불과할 뿐이다.

성도가 예배에서 정성스러운 마음과 병행하여 물질을 풍족히 드리게 된다면 금상첨화가 되겠지만 설령 마음에 물질이 따라주지 않는다 해서 하나님이 예배를 받지 않으시는 것은 결코 아니다.

● 마음 창고에 저장해 두는 한마디

빈손이란 거짓이 없는 빈 마음, 정결하고 순결한 마음으로, 가난한 마음으로 나오라는 의미이다. "빈손으로 오지 말라."라는 말씀 속의 깊은 의미는 반드시 손에 예물을 들고 나와야만 하는 것이 아니다. 하나님께 예배드릴 때 헛되이 나오지 말고 각자 받은 은혜를 마음의 중심에 두고 하나님이 행하신 기적과 기사와 표적과 이적들을 잊지 말라는 것이다.

허울 좋은 전도 축제

수년 전에 뉴질랜드의 한 교회에서 이색 이벤트가 열린 것이 교계의 화제가 된 적이 있었다. '와인과 신학의 밤'과 '맥주와 바비큐가 함께하는 예배'라는 이벤트를 통하여 믿지 않는 사람들을 교회로 끌어들이겠다는 전도방법을 시행하였던 것이다. 웰링톤 소재의 비고리아 대학의 게오프 트럭톤 박사는 그가 발표한 연구 자료에서 1990년 이후로 교회들은 점차적으로 술 마시는 것을 인정하는 추세로 들어섰다고 지적하였다.

교인들이 술 마시는 것을 교회들이 수용해야 한다는 사고는 매우 위험한 발상이다. 한국교회는 서구 교회들과 같이 21세기에 진입하여 교회 성장학을 적용함에 있어 사람을 모으는 대중 이벤트를 과감히 도용하기 시작했다. 그래서 수많은 이벤트를 양산해 놓았다.

그러나 수많은 이벤트 행사에 교회 예산이 막대하게 투자되는 데 반해 효과는 일시적이었다. 일시적인 성장의 거품이 꺼지면 오히려 거룩한 교회가 세속화로 빠져들 수밖에 없다. 침체된 교회가 성장만 할 수 있다면 무엇이든지 시도하겠다는 발상 자체가 오늘날 허울 좋은 전도축제로 전락시킨 것이다.

오로지 성경말씀에 근거하여 순수한 영혼구원의 복음사역에 앞장서야 할 교회가 '알파코스', '빈야드 운동' 등과 같은 뉴에이지 운동에 맥락을 같이하는 사이비종교 프로그램에 심취되어 가고 있다는 사실이다. 술꾼들을 전도하기 위해서는 술 먹는 것도 일시적으로 용인해야 하고 마약과 도박꾼은 물론 동성애자들도 전도를 위해 그들의 취향에 동의해 줘야 한다는 생각은 매우 위험한 발상이다.

교회가 성장신학에 도취되어 사업가들이 이윤을 극대화시키기 위해 수단과 방법을 가리지 않는 것과 같은 노선을 따른다면 무엇이 세상과 교회가 다르단 말인가? "누구든지 세상과 벗이 되고자 하는 자는 스스로 하나님과 원수 되는 것이니라."(약 4:4) 세상의 출세와 성장논리가 제 아무리 수단과 방법을 가리지 않고 오직 가시적 결과만 바란다 할지라도 복음의 확장은 수단과 방법 역시 순수성을 잃어서는 안 되는 것이다.

세상 가수들과 코미디언을 초청해 놓고 전도라는 미명하에 경품추첨을 하는 이른바 '세일전도'를 하는 지경에 이른 것이 오늘 날 한국교회의 전도행태이다. 한참 잘나가고 있는 부흥강사 F교회 담임목사 김○○ 목사가 TV에 나와서 한 말이 떠오른다. 자신의 교회에 초청한 모 가수에게 한 곡을 더 신청하니 200만 원 더 달라하여 두 번 다시는 그 가수를 초청하지 않겠노라고 천명했던 것이다. 제아무리 '영혼전도축제'라는 명분을 내세워 변명하려 하지만 세속적인 자들을 초청하는 자체가 성경적인 전도방법이 결코 될 수 없는 것이다. 세상 사람들을 끌어들이기 위해 성도들의 정성 어린 헌금을 주저없이 사용하는 행태는 번영신학의 길을 걷고 있다는 외침에 불과한 것이기 때문이다.

또한, 교회에서 가난한 이웃을 돕는다는 명분으로 바자회를 열어 마치 장터에 나온 것 같은 착각을 불러일으킬 정도로 교회 안이 시장바닥처럼 온갖 잡다한 물건들로 가득 놓인다면 분명 잘못된 것이다. 교회가 갈수록 세상보다 더 세속화되어 가는데 이용당하는 중심에 여지없이 교회 헌금이 희생당하고 있다는 데 이의를 제기할 자는 없을 것이다.

"예수님께서 성전에 들어 가사 성전 안에서 사고파는 자들을 내쫓으시고 돈 바꾸는 자들의 탁자와 비둘기파는 자들의 의자를 뒤집어엎기 시작하시며"(막11:15)라는 말씀은 결코 그 어떤 명목으로도 교회가 거룩함의 속성과 형태를 잃어서는 안 된다는 경고인 것이다. 우리 모두는 '영혼 구원'이라는 가면 안에 숨겨진 교회의 양적 성장을 통한 목사의 권위창출과 대외적 과시라는 무섭고도 더러운 탐욕을 추방 시켜야 한다. 또한 인본주의와 물량주의가 독버섯처럼 퍼져서 기존의 순수한 교인의 영혼마저 악령의 도구로 전락시키는 데 헌금이 악용되고 있는 것을 막아야 한다. "화 있을진저 외식하는 서기관들과 바리새인들이여 회칠한 무덤 같으니 겉으로는 아름답게 보이나 그 안에는 죽은 사람의 뼈와 모든 더러운 것이 가득하도다."(마 23: 27)

> **마음 창고에 저장해 두는 한마디**
>
> 교회가 갈수록 세상보다 더 세속화되어 가는 온갖 문제의 중심에 교회 헌금이 주도적 역할을 하고 있다는 데 이의를 제기할 자는 없을 것이다. 따라서 헌금이 세속화되지 않도록 길들여 나가야 한다.

인기스타가 된 헌금

　요즈음 교계에서는 연예인보다 더 인기 있는 목회스타가 유명세를 날리고 있다. 교회마다 헌금을 많이 거두어 들이는 부흥사를 너도 나도 초청하지 못해 안달이다. 부흥사 중에서도 초청교회에 헌금을 기가 막히게 많이 안기는 자들을 일컬어 '부흥스타'라고 부른다. 이들은 집회 중에 노골적으로 헌금을 많이 바친 성도들의 명단과 액수를 공개한다. 이로 인해 돈 없는 성도는 은혜를 구하려다 엉뚱한 죄책감에 사로잡혀 마음이 편할 리가 없다. 그래서 헌금 때문에 집회가 싫어지고 예배가 부담된다. 결국 교회를 등지게 된다. 목회자들 중에는 헌금의 액수로 교인들의 신앙을 평가하는 자들이 있다.

　한때 개척교회의 설움을 딛고 오직 하나님의 은혜로 일취월장하게 된 부흥신화의 주인공들이 많이 있다. 이들 중에 교계방송과 TV에 출연하고 있는 목회자 몇 명이 최근 세상오락 프로그램에 출연하여 활발히

활동하고 있다. 보는 이에 따라서는 해석을 달리할 수 있겠으나 분명한 사실은 예수님의 자리는 온데간데없고 이제 자신이 스타가 되어 인기를 누리고 있다는 사실이다. 성도들의 눈물 어린 헌금으로 교회가 성장했건만 하라는 전도는 뒷전에 두고 이제 이름이 날 만큼 유명해졌으니 인기 굳히기에 들어간 듯싶다.

J 목사, K 목사는 인기연예인들과 어깨를 나란히 하는 스타가 되어 있다. 십수 년 전만 하더라도 목회자는 자고로 순수한 복음만을 전해야 한다고 외쳐댔던 이들이다. 자신들 역시 스스로 속물에 지나지 않고 있음을 천명하고 있는 것이나 다름없다. 이들 중에는 아예 연예인들과 함께 어울려 하나님의 복음을 전하는 것이 아니라 자신의 입지를 다져나가는 발판으로 삼고 있는 자들도 있다. 얼굴에 분장 칠을 해대고 어느새 연출에 익숙한 의복을 입고 인상을 지으며 자신의 이름 석 자를 세상 사람들에게 각인시켜 나가는 데 혈안이 되고 있다. 이러한 행태를 보면서 애석한 마음이 들지 않을 수 없다. 결과적으로 목회자들이 인기스타가 되어 세속화되어 가는 풀코스가 이런 단계라는 것을 공지하고 있는 형국이다.

이들은 결국 성도들이 바친 헌금으로 오늘의 자신을 입지전적인 인물로 만드는 데 공을 들여온 것이다. 오늘날 한국교회를 보라! 얼마나 많은 스타들이 탄생하고 있는지, 아예 목회 강단을 떠나 인기연예인과 어깨를 나란히 하는 목사들은 이구동성으로 말한다. '복음을 위해서라고', 더욱더 가관인 것은 소속교인들조차 자랑스럽게 생각하고 있다는 것이다. 그들의 멋진 해명에도 불구하고 인기스타목사들로 인해 복음이 온갖 상처를 입고 신음하고 있다. 목사안수 받을 때 선언한 구절들을 잊어서는 안 된다. 이 땅의 명예를 배설물같이 여기지는 못하더라도 자기 자랑에 도취되어 예수님의 명예를 추락시키는 일을 해서는 안 될 것이다.

사도바울은 오직 그리스도 예수를 아는 지식 외에는 배설물(빌 3:8)로 여겼다고 고백하고 있다. "그러나 내게는 우리 주 예수 그리스도의 십자가 외에 결코 자랑할 것이 없으니 그리스도로 말미암아 세상이 나를 대하여 십자가에 못 박히고 내가 또한 세상에 대하여 그러하니라."(갈 6:14)

'예수 복음'을 빙자하며 '내가 복음'을 전하는 무리들이 사용하는 투자금이 바로 '헌금'이다. 그들은 '헌금'을 투자하여 사익을 창출하고 있다. 인기를 챙기고 출연료를 챙기고 그 여파로 유명인이 되어 전국을 휘젓고 다닌다. 고급 승용차에 몸을 기대며 배가 기름지도록 먹고 마시며 호텔에 여장을 풀고는 성결과 거룩함의 가면으로 실체를 가리고 있다. 그러나 그들의 실체가 귀신의 눈은 속일 수 있을지는 몰라도 불꽃같은 하나님의 눈을 피할 수는 없을 것이다.

이 땅에서 누리는 개인의 영달을 위한 사역은 저 하늘나라에서 부여 받을 상급이 되지 못한다. "이는 우리가 다 반드시 그리스도의 심판대 앞에 나타나게 되어 각각 선악 간에 그 몸으로 행한 것을 따라 받으려 함이라."(고후 5:10)

어느 유명한 목사가 천국에 갔더니 평신도보다 못한 구석진 낡은 집으로 천사가 안내하더라는 것이다. 당황하면서 천사에게 물었더니 "목사님은 이미 세상에서 온갖 부귀영화를 다 누렸기 때문에 이곳에 집 지을 재료가 하나도 없습니다."라는 답변을 듣고는 망연자실하였다는 것이다.

인기스타들의 특징 중 하나가 군중의 인기 속에 고독함을 느끼고 있다는 것이다. 추앙 받는 강도가 높아졌다가 점점 하락하게 되면 불안하고 초조해진다. 그래서 그들은 독주를 마시고 마약을 하고 도박에 빠지며 쾌락과 향락의 불나방이 되어 불구덩이로 타들어 간다. 목사가 감투와 세상인기에 맛 들여지면 유사한 코스로 진입할 수밖에 없다. 온갖 감투를 목에 두르며 결국 목 졸려 죽어 가는 것이 전형적인 목회자의 타락 코스이다.

> • 마음 창고에 저장해 두는 한마디
>
> '예수복음'을 빙자하며 '내가 복음'을 전하는 무리들이 사용하는 투자금이 바로 '헌금'이다. 그들은 '헌금'을 투자하여 사익을 창출하고 있다.

계란 한 판과 헌금 1억

"1억 원을 교회헌금으로 기부한 30대 여성이 계란 한 판 훔치다." 신문과 TV에 보도된 내용에 모두가 어리둥절하지 않을 수 없었다. 수년이 흘렀지만 아직도 이솝우화에 나오는 이야기 같은 사건이라서 기억에 남아 있다. 얼핏 보노라면 앞뒤가 안 맞는 기사제목이다. 1억 원이나 헌금한 사람이 겨우 4,500원밖에 안 되는 계란 한 판을 훔치다니? 도저히 이해가 되지 않는 내용이지만 오늘날 교회의 민낯과 벌거벗겨진 몸을 그대로 보여 준 대표적 사건이라 참참한 마음이 들지 않을 수 없다. 사건의 전말은 이렇다. 곽 모(여. 36세)라는 교인이 어느 날 오전 6시쯤 서울 중랑구 신내동 한 건물 2층에 있는 교회에서 새벽기도를 마치고 귀가하면서 슈퍼의 진열대에 놓인 계란 한 판을 훔친 것이다.

사건이 확대되자 평소 다니던 교회의 담임목사가 나섰다. "곽씨는 교회에 1억 원을 헌금하고 봉사활동도 열심히 했다."라며 선처를 호소했지만 행위가 뒷받침이 되지 못했다. 경찰조사 과정에서 곽씨는 남편의 부동산 임대사업으로 집안이 경제적으로 꽤 부유한 것으로 밝혀졌다. 의도적으로 훔치려는 것이 아니었다는 것을 여러 차례 강조했다. 돈이 없어서가 아니라 새벽기도 후 배가 고파서 일시적인 충동에 의해 벌인 일 이라 범죄행위가 되는지를 몰랐다고 해명했다. 그의 말대로 나중에 계란 값을 갖다 주려 했을지도 모른다. 그러나 세상의 눈은 가차 없이 냉혹했다.

거룩이란 무엇인가? 구약성경의 레위기 전체의 주제는 '거룩'이다. 히브리말로 '카도쉬'로 분리하다, 구별하다의 의미를 가지고 있다. 성도로써 구별되는 삶을 살아간다는 의미와 세상과의 분리를 말하는 것인데 곧 삶이 세속과는 구별되어야 한다는 것이다. 다시 말해 교회에서의 구별된 언행 심사를 그대로 일상생활 속에서도 행동으로 나타내 보여야 한다.

인분교수로 알려진 강남대학교의 산업디자인과 J 교수가 사회적 지탄을 더욱더 받았던 것은 평소 독실한 기독교인으로 알려졌었기 때문이다. 한국디자인학계에서 두각을 나타내 근정포장까지 받았고 디자인협회장으로서 당시 여당의 정책자문위원까지 지낸 그는 철저하게 사람들을 농락했다. 오늘날 지킬박사와 하이드와 같이 양면의 두 얼굴을 가진 기독교인들이 너무나 많다. 이들이 벌어드리는 수입 또한 일반인과는 다르다. 그래서 헌금도 많이 한다. 그러나 이들이 내는 헌금은 마당만 밟고 가는 헌금일 뿐이다. "헛된 제물을 다시 가져 오지 말라 분향은 내가 가증이 여기는 바요 월삭과 안식일과 대회로 모이는 것도 그러하니 성회와 아울러 악을 행하는 것을 내가 견디지 못하겠노라."(사 1:13)

간혹 사이코 패스로 인한 흉악 범죄자들의 행각으로 인해 세간을 떠들썩시키고 있는 사건사고가 발생하고 있다. 문제는 의외로 이들 중에서 상당수가 교회를 다녔던 적이 있거나 교회를 나가고 있는 교인들이라는 것이다.

필자가 서울역에 '살맛나는 교회'를 설립하고 1년쯤 지나 발생하였던 사건이 있다. 평상시 멀쩡히 예배도 잘 드리고 주방 보조일과 화장실 청소 등 봉사에 열중이던 교인이 있었다. 평소 성실해 보이는 것 같았으나 대화를 나누다 보니 세상에 대한 분노와 증오가 가득했다. 예의 주시하고 있던 어느 날 아니나 다를까 술에 만취된 채 교회에 난입하여 음향기기와 악기들을 비롯한 성물들을 박살내 버리고 말았다. 경찰이 출동하자 출입구에 의자를 쌓아놓고 지능적으로 행패를 부리고 기물을 모조리 부숴 버린 그는 나중에 알고 보니 사이코 패스의 전형적 질병을 앓고 있음이 밝혀졌다.

어렸을 적 여동생과 놀다가 작두에 손을 넣었는데 여동생이 작두를 누르는 바람에 손가락이 잘리게 되었다 겨우 접합수술로 붙였으나 기능을 할 수 없는 지경에 이르고 말았다. 그냥 손가락 모양만 있다는 말이 맞을 듯싶다. 그럼에도 한 손을 가지고 봉사했었던 그였지만 내면의 깊숙한 곳에서는 분노와 증오가 이글거리며 분출의 때를 호시탐탐 엿

보고 있었던 것이다. 평생 불구자 소리를 들으며 자란 그는 학업도 집도 팽개치고 방랑생활로 일생을 보내고 있었다. 교도소를 내 집처럼 들락날락하다가 전도되어 교회를 다니고 신앙생활을 하게 되었으나 종로에서 뺨 맞고 한강에서 화를 풀어대는 행패는 멈출 수 없었던 것이다.

목회자에게 가장 선행되어야 할 것은 영을 분별하는 능력을 키우는 것이다. 영혼으로 드려지지 않는 헌금과 봉사의 행태를 감별하기 위해서는 먼저 목회자 자신의 영력을 키워나가야 한다. 그런 다음에야 헌금을 왜 내야 하는지를 가르쳐 나가야 한다. 성도는 죄를 짓지 않는 것이 은혜가 아니라 죄를 지었음에도 진정한 회개가 이루어진다면 거듭 거듭 용서받을 수 있다는 사실이 은혜임을 알아야 한다. 그래서 습관적으로 지은 죄들을 하나둘 떨쳐 보낼 수 있는 은혜에 감사해야 하는 것이다.

6세 때 어머니를 잃고 이듬해 부친의 재혼으로 계모슬하에서 결핍된 사랑 속에 자란 존 뉴튼은 노예선을 타고 참으로 파란만장한 삶을 살았다. '돈'만 가지면 세상을 다 살 수도 있다는 확신 속에 악명 높은 노예선장이 된 그였다. 파선 일보 직전에 하나님을 만나 회심하지만 술 취함과 방탕함은 쉽사리 그를 놓아 주지 않았다. 그러나 그는 결국 하나님의 은혜 속에 개과천선의 삶으로 하나님 나라에 입성하게 된다. 그가 생전에 모은 모든 재산을 아낌없이 복음전도를 위해 기꺼이 사용했다. 그의 묘비에는 이런 내용이 새겨져 있다.

"한때 이교도였으며 탕자였고 아프리카 노예상인이었던 존 뉴튼은 우리 주 예수 그리스도의 풍성하신 긍휼로 말미암아 용서받고 크게 변화되어 마침내 성직자가 되었으며, 자신이 그토록 오랫동안 부인했던 바로 그 믿음을 전파하며 버킹검에서 16년간, 올니 교회에서 27년간을 섬겼다."

존 뉴턴의 신앙고백이 우리 모두의 신앙여정이 되어야 할 것이다. 그가 남긴 찬송가 '나 같은 죄인 살리신'이 들려오는 듯한다.

헌금을 1억 원 하든 단돈 천원을 하든 돈의 액수는 전혀 문제가 되지 않는다. 다만, 헌금으로 신앙을 사는 것이 아니라 신앙으로 헌금을 사야 한다.

> • **마음 창고에 저장해 두는 한마디**
>
> 헌금을 1억 원 하든 단돈 천원을 하든 돈의 액수는 전혀 문제가 되지 않는다. 다만, 헌금으로 신앙을 사는 것이 아니라 신앙으로 헌금을 사야 한다.

도깨비 방망이 헌금

'도깨비 방망이 뚝딱 헌금' 예수 믿는 사람은 가난하게 살아서는 안 된다고 한다. 기독교가 들어가면 가난한 나라도 잘살게 된다고 흔히들 그렇게 말을 한다. 그래서 사람들은 바로 교회가 일확천금을 만들어주는 신비한 도깨비 방망이를 휘두르고 있는 곳이라고 믿고 있다. 헌금을 하면 30배, 60배, 100배의 기하급수적인 돈으로 불릴 수 있다고 선전한다. 사탄은 가난을 물리칠 수 있는 유일한 곳이 바로 교회라고 외쳐댄다. 오늘날 교회는 부유함을 동반한 성공의 통로로 들어가는 곳이라며 고함쳐 대고 있다. 과연 그러한가?

대부분의 교회에서는 '신년축복 대성회'라는 집회를 매년 1월 초에 가진다. 이때에 모든 교인들은 복을 빌며 헌금을 한다. 헌금 봉투에 가정에서 이루고자 하는 한 해의 소원성취 내용을 적어 낸다. 그중에는 건전하고 소박한 소원을 적어 내는 사람도 있지만 혹 가다가 "올해 더 넓은 평수의 아파트로 이사 가기를 원합니다."라고 소원을 기원하는 사람도 있다. 물론 더 좋은 집을 구입할 수 있기를 원하는 기도를 할 수 있다. 문제는 올바른 신앙을 견지해 나가고 있느냐 하는 것이다.

"그런즉 너희는 먼저 그의 나라와 그의 의를 구하라 그리하면 이 모든 것을 너희에게 더하시리라."(마 6:33)

필자는 사역해 오면서 하나님 앞에 온전히 살아가려고 애를 쓰는 성도들에게는 반드시 구하지 않은 것까지 받게 된다는 사실을 목도해 오고 있다. 그리고 직접 체험한 것이 너무나 많아 일일이 열거할 수 없을 정도다. 성경말씀은 어제나 오늘이나 내일이나 똑같다. 작년 한 해만 해도 3,400여만 부의 성경이 발간되어 전 세계 도처에 보급되었다.

일점일획 거짓과 과장 없이 신, 구약에 적시된 내용의 원리대로 적용되고 있다. 때로는 온몸과 마음에 소름 돋고 전율이 일어난다. 그리고 무섭고 두렵다. 한시도 긴장을 늦출 수 없음을 알기에 쉬지 말고 기도하라는 말씀의 의미가 무엇인지 절감한다.

"십일조를 배로 내게 해 주십시오."라는 세속적 물욕을 그대로 담아드린 헌금봉투를 들고 목회자는 목청을 돋아 큰 소리로 기도해 주지만 그것마저 봉투의 두께에 따라 기도의 내용과 양이 달라진다. 더욱더 가관인 것은 기도받는 교인들 역시 차력사가 기압을 넣듯이 "아멘! 아멘!" 하고 복채를 비는 기도에 맞장구를 친다는 사실이다.

목회자 중에는 교인들을 집단최면까지 몰아가면서 과분한 헌금을 하도록 유도하고 있는 자가 있다. 그래서 일정액의 헌금을 내면 원하는 것은 무엇이든지 이뤄질 수 있다는 막연한 기대를 안긴다. 우선순위가 뒤바뀐 기도가 이뤄진다면 그것은 사탄의 계략에 말려 든 것이다.

연말 송구영신 예배는 더욱 가관이다. 예배 인도자가 무당들이 점괘를 뽑아내듯이 수백 개의 성경구절을 바구니에 모아 놓았다가 헌금함에 감사헌금을 넣으면서 성경구절 하나를 교인들 한 사람 한 사람에게 끄집어내도록 한다. 성경구절을 받은 교인에게 "이 말씀이 성도의 가정에 올해 하나님이 내려 주시는 말씀이다."라고 읽어 주기까지 한다. 그러면 성구를 받은 교인들은 아멘! 아멘! 하며 집단적 최면에 빠진다. 혹시 뽑아든 성경 구절이 그 가정형편에 맞아 떨어지는 말씀이라면 신령한 목사로 소문이 퍼져나간다.

헌금을 내면 무엇이든지 이뤄질 수 있다는 헌금만능주의에 사로잡혀 있던 교인이 바라던 바가 이뤄지지 않으면 이내 절망 가운데 빠져버리고 만다. 결국 도깨비들에게 혹 떼러 갔던 혹부리 영감이 혹을 떼기는커녕 오히려 혹 하나를 더 달고 귀가한 것처럼 허탈한 마음으로 교회를 등지게 되고 만다.

교회는 지폐를 찍어대는 조폐공사가 아니다. '돈'을 맡기면 이자가 붙는 은행도 아니다. 오직 성경, 오직 믿음, 오직 예수그리스도, 오직 은혜, 오직 하나님께 영광을 올려드리기 위해 마음과 몸과 물질을 조건 없이 드리는 곳이다.

"비록 무화과나무가 무성하지 못하며 포도나무에 열매가 없으며 감람나무에 소출이 없으며 밭에 먹을 것이 없으며 우리에 양이 없으며 외양간에 소가 없을지라도 나는 여호와로 말미암아 즐거워하며 나의 구원의 하나님으로 말미암아 기뻐하리로다."(합 3:16~17)

> **마음 창고에 저장해 두는 한마디**
>
> '도깨비 방망이 뚝딱 헌금' 예수 믿는 사람은 가난해서는 안 된다고 한다. 기독교가 들어가면 가난한 나라도 잘살게 된다고 흔히들 그렇게 말을 한다. 그래서 사람들은 바로 교회가 일확천금을 만들어 주는 신비한 도깨비 방망이를 휘두르고 있는 곳이라 믿고 있다.

대박 터트린 헌금주식

　교회에서 헌금을 많이 내면 주주총회에서 주주를 많이 소유한 자의 발언권에 힘이 실리듯 권리를 행사하는 것이 현실이다. 헌금을 많이 내지 못하는 성도들은 교회 재정에 관하여 헌금을 제대로 내지 못한다는 가책에 눌려 헌금집행에 관여하기를 주저한다. 다양한 명목으로 진열된 교회입구에 마련된 헌금봉투는 그야말로 투자펀드를 떠올리기에 충분하다. 투자펀드 내역이 갈수록 세분화되어 있어 더더욱 그러하다. 주일헌금, 감사헌금, 십일조헌금, 절기헌금, 건축헌금, 선교헌금 등 각양각색으로 공시된 헌금에 손길이 미치지 못할 때 주권행사는 이뤄질 수 없게 된다. 천국주식회사라는 타이틀을 내걸고 자신들도 들어가지 못하면서 가뜩이나 좁은 길을 가로막고 있다.

　"화 있을진저 외식하는 서기관과 바리새인들이여 너희는 천국 문을 사람들 앞에서 닫고 너희도 들어가지 않고 들어가려 하는 자도 들어가지 못하게 하는도다."(마 23:13) 한국 교회들이 갖고 있는 '헌금의 문제'는 이단교리 못지않게 심각하다. 교회들 중에는 마치 대표이사가 된 목회자가 헌금주식회사를 유지해 가기 위해 혈안이 되어 있는 듯하다. 특히, 추수감사절이 다가오면 일시에 구멍 난 재정을 때우고 축적하기 위해 교묘한 광고를 이용하여 헌금 수취에 열을 올리고 있다.

만일 헌금을 내지 않으면 하나님이 가진 것마저도 빼앗아 가신다는 불안을 조성하며 간증경고라는 방법으로 옥박지르기도 한다. 가뜩이나 헌금을 내야 하나 말아야 하나 복잡한 암산을 하며 갈등하고 있는 교인은 예배 전부터 마음이 편치 않음이 현실이다. 일부재정이 넘쳐나는 교회의 경우에는 주식에 투자하거나 부동산에 투자하는 경우도 있다. 분명한 것은 지상의 교회가 영리를 추구하기 위해 존립해 있는 것이 아니라 한 사람의 영혼이 돈의 굴레로부터 자유 하도록 진리이신 예수님의 복음을 전하는 것이다.

교회가 재정이 튼튼하다는 것은 장려할 만한 일이다. 그러나 헌금으로 낸 돈이 가난한 이웃이나 미자립 농어촌 교회나 사회의 구제 사업에 사용되지 않고 교회 재정을 기름지게 하는 데 활용된다면 이는 분명 성경말씀을 역행하는 처사인 것이다. 오늘날 교회 헌금이 공세적 물량주의를 표방하며 성장제일주의로 나가는 굳건한 초석이 되고 있다면 그 결과 역시 교회자본주의 병폐가 낳는 파멸을 초래할 것이다.

2015년 9월 12일 개최된 제57회 한국실천신학회 정기학술대회에서 발제자로 나선 전 총신대학교 은퇴교수 정일웅 박사는 '교회의 재정 확충을 위한 헌금 사용 방법에 관한 문제점과 대책'을 제시하였다. "교회는 근본적으로 영리를 목적으로 하는 세상 주식회사와 같은 기관이 아니다. 비영리기관으로서 교회 재정은 어디까지나 자발적으로 낸 성도들의 헌금으로 이뤄짐이 성경적이다."라고 강조하였다.

마음 창고에 저장해 두는 한마디

분명한 것은 지상의 교회가 영리를 추구하기 위해 존립해 있는 것이 아니라 한 사람의 영혼이 돈의 굴레로부터 자유를 얻도록 하는 데 있다.

헌금 속에 든 부귀영화

 일확천금이라는 말은 한마디로 힘들이지도 않고 한꺼번에 많은 재물이 손에 들어온다는 말이다. 노다지를 얻기 위해서는 광맥을 캐 들어가는 수고와 고난이 뒤따라야 하지만 그렇게 하지 않아도 금 덩어리를 얻을 수 있다면 얼마나 큰 행운이겠는가? 재물을 얻으면 이 세상 모든 것을 다 얻을 수 있다고 세상 사람들은 찰떡같이 굳게 믿고 있다. 돈이면 안 되는 것이 없다는 것을 수많은 사건을 통해 수학공식을 대입하듯 증명해 내고 있기 때문이다. 우리 한국뿐만 아니라 서양 속담에도 "돈만 있으면 귀신도 부릴 수 있다."(Money makes the ghost to go)라는 문구가 있다.

 "이 세상의 모든 권력은 돈으로부터 나온다."라는 말을 가장 실감나게 하는 사례들은 재판정에서 곧잘 확인할 수 있다. 단돈 몇천 원을 훔친 생계형 범죄에 억울한 옥살이를 하는 사람이 있는가 하면 수백억 수

천 억 원을 배임, 횡령해도 언론의 조명을 받고 금의환향하듯 사면으로 풀려난다. 2010년 1월 10일에 광주고법에서 유래 없는 판결이 나와서 여론의 지탄을 받은 사실이 있다. H회장의 조세포탈에 대해 벌금을 납부하지 않을 경우 하루에 5억 원으로 환산하여 노역장에 유치한다고 선고를 내렸기 때문이다. 이때부터 '황제노역'이라는 말이 세간에 회자된 것이다. 재벌은 죄질이 중해도 그가 가진 돈의 위력으로 죗 값도 사버리고 만다는 비판을 면할 수 없게 된 것이다.

지금까지 청와대에 입성한 대통령들조차 한결같이 돈 때문에 그 높고 높은 권자에서 날개 없이 추락하고 말았다. 돈이 많은 교회는 권력이 있다. 그리고 사람들이 벌떼처럼 몰려든다. 담임목사는 소속교단에서 발언권이 강력해지고 지역사회에서는 유지로서 대접받는다. 이들이 구태여 목에 힘을 주지 않아도 알아서들 읍소한다. 한 푼 두 푼 모아진 헌금만큼 교회 탑의 위력은 실로 엄청나다. 그래서 신자들 역시 돈의 파워를 교회에서 다시 한번 확인한다. 그래서 돈독이 오른 축복을 바라고 신앙의 바벨탑을 쌓아가고 있는 것이다. 무엇보다 자신이 다니는 교회의 명성과 부를 통해 대리만족하려는 교인들의 헌금의식이 변화되지 않는 한 부귀영화의 악취는 더욱더 진동할 것이다.

베트남, 태국, 필리핀 등지에서 시집온 여인네들 중에는 참 아깝다는 마음이 들 정도로 괜찮은 사람들도 꽤 있다. 더욱더 마음이 안쓰러운 것은 나이 차이가 많을 뿐만 아니라 한국 신랑에 비해 여러 가지 조건이 월등한 신부들도 많아 보인다는 것이다. 인물도 건강도 배움도 현격한 차이가 난다. 모든 간격을 오직 돈으로 좁혀대며 한국으로 시집온 것이라는 인상을 지울 수가 없다. 그런 그들이 머나먼 이국땅에 시집와서 고생하며 사는 것을 보노라면 오직 돈 때문이라는 사실을 숨길 수만은 없을 것이다. 동화책에 등장하는 나무꾼과 선녀처럼 살다 보면 아이도 낳고 정도 들어가겠지만 분명한 것은 처음 출발의 목적이 돈 때문이라면 화목할 수가 없는 것이다.

노숙인의 신세도 이와 별반 다르지 않다. 결국 돈이다. 우정도 의리도 순정도 애정도 돈 앞에 무력해진다. 그토록 황혼 빛의 백년가약을 했건만 물질의 타격이 오면 개인도, 가정도, 모든 것이 연달아 무너져 내리는 도미노 현상 그 자체이다. 가정불화의 대부분 역시 돈에 관련되어 있다. 부부지간, 부모와 자식 간, 친인척 간, 이웃과 사람들 간, 모든 문제의 중심에는 '돈'이 있다. 돈이 꼿꼿하게 틀어 앉아 초월적 위세를 떨치고 있기에 돈 앞에 버텨낼 장사가 없는 것이다.

중국 연길에서 충남 부여에 2천만 원에 팔려 시집을 와 딸까지 낳았던 33세 된 여인이 노숙인이 되어 우리 교회에 머물렀던 적이 있다. 오직 입에 '돈돈'하며 돈에 한이 맺혀 있었다. "닭 쫓던 개가 지붕 쳐다본다."라는 말처럼 그가 부귀영화를 꿈꾸며 한국으로 시집왔건만 모든 것을 몽땅 잃어버리고 넋이 나간 채 허공만 바라보며 하루하루 지난 세월을 후회하고 원망하며 살아가고 있었다.

세계에서 유례없이 한국교인들은 헌금을 많이 하는 것으로 알려져 있다. 그리고 세계적인 교회가 우뚝우뚝 세워졌다. 그런데 건물만 세계적이었지 영혼은 점점 더 굶주림에 고통스러워하고 있다. 교회는 갈수록 늘어나는데 하루 40여 명이 스스로 목숨을 끊는 나라가 한국이다.

헌금이 교회들에게 부귀영화를 가져다주었지만 정작 영혼들은 점점 더 굶주림에 죽어가고 있는 실정이다.

> **• 마음 창고에 저장해 두는 한마디**
>
> 세계에서 유래 없이 한국교인들은 헌금을 많이 하는 것으로 알려져 있다. 그리고 세계적인 교회가 우뚝우뚝 세워졌다. 그런데 세계적인 건물에 반비례하여 영혼은 점점 더 굶주림에 고통스러워하고 있다.

헌금으로 제작된 천국열쇠

"얘들아, 비록 부서져 있다 할지라도 하나님은 거기서 너희들 모습을 알아보실 게다. 생애의 한 순간만을 언뜻 보고서 그 인간을 간단히 판단하지 않도록 조심하자." 앙드레 지이드의 작품 『좁은 문』에 등장하는 대사이다. 사랑하는 사람을 두고 육적인 욕망을 자제하고 천사처럼 살아가기 위해 몸부림치던 여주인공 알리사의 아버지가 한 말이다. 알리사는 외사촌 동생 제롬 청년을 사랑한다는 것이 죄라고 믿었다. 자신이 만든 좁은 문에서 안간힘을 다하는 주인공처럼 인간은 엉뚱한 문 앞에서 시간을 소비할 때가 많다.

> "좁은 문으로 들어가기를 힘쓰라 멸망으로 인도하는 문은 크고 그 길이 넓어 그리로 들어가는 자가 많고 생명으로 인도하는 문은 좁고 협착하여 찾는 이가 적음이라."(마 7:13-14)

특히, 부자가 천국 문으로 들어가는 것이 낙타가 바늘귀를 통과하는 것보다 어렵다는 성경말씀(막 10:25)은 부자는 천국에 들어갈 수 없다는 말이 아니다. 부자라는 말은 한시적이다. 살아있을 동안 잠시 관리하는 것뿐이다. 이 땅의 모든 것은 하나님 것이다. 잠시 쌓인 부를 가난하고 힘든 이웃을 위해 베풀라는 것이며 바로 이러한 구제사업을 교회가 앞장서야 한다는 말이다. 그런데 오늘날 한국교회는 가난한 자가 교회 문에 들어서는 것을 꺼리고 돈 많은 부자에게는 열어젖혀 놓고 있다. 이제는 돈을 많이 내는 자의 손에 천국열쇠가 쥐어진다. 어떠한 명목으로든지 헌금을 많이 한 자는 교회에서의 입지뿐만 아니라 천국 문을 활짝 열어젖힐 수 있는 천국열쇠를 가지게 된 것이다.

KBS-TV에서 방영하는 '진품명품' 프로그램이 있다. 오래된 것을 보관해 오던 것을 갖고 나와 감정을 받는 것이다. 하찮은 것으로 여기던 것이 값이 꽤 나가는 진품으로 판명 나기도 하지만 귀한 것으로 여기던 것이 가짜로 판명 나서 소장했던 사람이 실망스런 표정을 짓는 경우도 있다.

돈 역시 진짜가 있고 위조지폐가 있다. 판별이 되기 전까지는 동일한 위력을 발휘한다. 왜냐면 돈 자체에 막강한 무소불위의 힘이 있기 때문이다. 세상에서 편리하고 풍부하게 살아가는 데 힘을 쓰는 괴력은 돈만 한 항우장사가 없다. 굳게 닫힌 그 어떠한 교회의 문도 황금으로 된 헌금 열쇠면 다 열어젖힐 수 있기 때문이다. 그런데 유일하게 천국문은 열 수가 없다. 천국문의 열쇠는 주님이 갖고 계시기 때문이다. 공자도 석가모니도 성모 마리아도 천국문을 열 수 있는 키가 없다.

오래전 직업군인으로 군 복무할 때 경험한 일이다. 전방 GOP 철책선을 순찰하고 숙소에 돌아왔는데 주머니에 있어야 할 열쇠가 없어 황당하였다. 열쇠를 분실한 것이다. 유난히 강풍이 휘몰아치던 날이었다. 비바람을 흠뻑 맞으며 40분가량을 걸어서 막사로 되돌아간 적이 있었다. 이 일을 겪고 난 후에는 지나칠 정도로 열쇠를 챙기며 살아왔다. 세상 키도 이렇게 귀하건만 천국열쇠를 잃어버려서는 안 될 것이다.

> "내가 천국열쇠를 네게 주리니 네가 땅에서 무엇이든지 매면 하늘에서도 매일 것이요 네가 땅에서 무엇이든지 풀면 하늘에서도 풀리리라."(마 16:19)

천국에 들어가는 데는 '돈'이 전혀 필요 없다. 오직 원죄와 자범죄를 단번에 사해주시기 위해 십자가에서 하나님의 형벌을 대신 받으신 주님의 사랑을 오직 믿음으로 말미암아 들어가는 것이다. 주님의 말씀대로 살아가는 애씀이 요구될 뿐이다.

두 번 다시 헌금으로 천국티켓을 살 수 있다는 황당무계한 혹세무민의 유혹에 빠져서는 안 될 것이다.

> **• 마음 창고에 저장해 두는 한마디**
>
> 천국에 들어가는 데는 '돈'이 전혀 필요 없다. 오직 원죄와 자범죄를 단번에 사해주신 예수 그리스도의 가르침을 따라 사는 것뿐이다. 이때 들어가는 비용은 오직 믿음뿐이다.

제3장

늦둥맞은 천음

너희 소유를 팔아 구제하여 낡아지지 아니하는 배낭을 만들라
곧 하늘에 둔 바 다함이 없는 보물이니
거기는 도둑도 가까이 하는 일이 없고 좀도 먹는 일이 없느니라

• 누가복음 12:33 •

낚시꾼의 대어가 된 건축헌금

한국교회의 은행대출이 무려 4조 5,107억 원이나 된다는 것이 몇 해 전 언론을 통해 밝혀진 바 있었다. 대출에 대한 연체율이 9배로 급등하였고 이는 전 한국교회가 국내 18개 은행으로부터 건축을 하기 위해 빌린 돈이다. 연체이자가 매월 188억으로 이마저 갚지 못해 경매에 넘어간 교회는 무려 257건에 달하고 있다는 것이 2013년도 국회국정감사에서 밝혀진 바 있다. 이 같은 통계는 성전건축에 올인 하고 있는 목회자들의 공통점이 번듯한 건물에 목매여 있다는 것을 뒷받침하고 있는 것이다. 또한 목회자의 내면에는 멋진 건물이 준비되어 있으면 사람들이 자연스럽게 모여들게 되어 있다는 확신이 견고하기 때문이다. 이와 같은 허황된 신기루 병은 갈수록 확산되고 있는 실정이다. 건물 짓는 데 들어가는 모든 돈의 부담은 고스란히 성도들의 호주머니에서 나온다.

교인들은 성도들이기 전에 사회 구성의 한 일원이다. 가정이 있고 부모, 처, 자, 형제자매가 있는 가운데 개인별 다양한 일상사 속에서 살아간다.

'돈'이라는 것은 우리 일상생활 속에서 떼어 놓으려고 해도 떼어 놓을 수 없다. 불을 켜고 화장실 물을 내리고 걷든지 차를 타든지 돈이 든다. 혼자 가만히 있어도 몸속에 필요한 에너지를 보충하는 데 결국 돈이 들어간다. 생명 자체가 '돈'에 똘똘 말려 있기 때문이다. 전기료, 통신료, 수도료, 건강보험료를 비롯해 주민세, 부가가치세, 종합소득세, 자동차세, 각종 모임 회비와 애경사 비용 등등 이루 말할 수 없는 명목으로 '돈'이 지출된다. 대부분 서민들은 허리가 휘다 못해 '돈'의 굴레에서 한 시도 벗어날 수 없다.

심신의 평안함을 얻고자 교회로 발걸음을 옮기지만 그곳 역시 '돈'을 기다리고 있다.

"수고하고 무거운 짐 진 자들아 다 내게로 오라 내가 너희를 쉬게 하리라."(마 11:28)

과연 교회가 가벼운 손가방이라도 맡겨놓고 쉴 수 있는 곳인가? 그렇지 못하다. 짐을 맡아주기는커녕 기다렸다는 듯이 가장 무거운 건축헌금의 짐을 떠넘기고 있다.

구약의 기록을 보면 이스라엘이 가나안 땅에 들어가서 예루살렘 성전을 짓기 전에 여호와 하나님께 제사를 드리기 위하여 성막을 지은 것을 확인할 수 있다. 성막에 드는 비용은 백성들이 십시일반 기쁨으로 100% 자원해서 드린 것으로 지었다고 말씀하고 있다.

솔로몬이 예루살렘 성전을 건축할 때 그의 아버지 다윗이 미리 준비해둔 물질과 자재로 지었지만 어렵사리 지은 성전이 탈취당했다. 백성들의 불순종으로 인하여 나라를 빼앗겼기 때문이다. 이후 여호와께서 적국의 왕들의 마음을 움직여 느헤미야를 통해 성벽을 재건하도록 하셨다. 이처럼 구약시대에는 가시적 성전을 통해 하나님의 현현을 계시하셨다.

예수님이 오신 신약시대의 성전은 불완전한 가시적인 건물이 아니다. 예수 그리스도께서 친히 하나님이 거하시는 성소가 되신다. 다시 말해서 예수 그리스도를 믿는 장본인이 하나님께서 거하시는 성전과 처소가 된 것이다. 그러나 목사들 중에는 성도가 하나님의 성전 되는 신약의 가르침을 부정하고 건물자체가 곧 성전인 것처럼 우겨대는 이들도 있다. 엄밀히 말해서 교회는 건물을 신축하는 것이지 성전을 신축하는 것은 아니다.

그런데도 '성전'이라는 신성한 말을 차용하여 마치 구약의 성스러운 성전건축 의식을 치르는 것처럼 인식하도록 주입시켜 책임감과 의무감의 굴레를 씌우고 있다.

교회의 대형화가 성공목회의 잣대와 기준으로 세간에 공인되면서 갈수록 더욱더 목사가 건물 짓는 데 올인 하고 있다. 그래서 교인들을 부추기고 독려해서 마치 하나님이 지시한 것처럼 경쟁적으로 건축헌금의 덫을 씌워대고 있다. 결국 빚더미에 소속된 교인이 집단 채무자로 혹독한 '돈'의 노예로 전락해 가고 있는 것이 오늘날 한국교회 현실이다.

더 큰 문제는 교인들 스스로 무감각 상태에서 오직 '건축헌금'이라는 대어를 낚아대는 목회자의 낚시밥으로 전락되고 있다는 사실이다.

2012년도 기준으로 연평균 100여 개의 교회들이 건축으로 인한 빚더미로 경매에 넘어가고 있다는 것이 언론보도를 통해 공개된 적이 있다. 아마도 갈수록 더해 가고 있을 것이다. 교회가 파산당하면 제아무리 지역사회에서 선한 일을 해왔다 할지라도 빈축의 대상이 되고 만다. 해당 목회자들은 이구동성으로 교인들로부터 헌금이 걷히지 않아 어쩔 수 없이 경매까지 갈 수밖에 없었다고 푸념한다. 과연 멋들어지게 건축을 해야만 교회가 존속되는 것인가에 대한 자기반성이 절실하다.

왜? 오늘날 웅장하고 화려한 대형교회들이 하루가 멀다시피 전국 곳곳에 세워지는데 교인들은 현격하게 줄어들고 있는가? 그리고 세상은 점점 흉흉해지는가에 대한 답을 해보라! 결국 교회 건물은 빛과 소금은커녕 아무런 효험도 발휘하지 못하고 있는 바벨탑과 다름없는 우상이 되고 말았다. 이제 더 이상 맘몬의 화신이 된 교회건물이 눈먼 사역자의 야욕의 흉물로 전락하는 참담한 사태를 이어 가서는 안 될 것이다.

- **마음 창고에 저장해 두는 한마디**

  이제 더 이상 야욕에 눈먼 사역자로 인해 교회 건물이 희생양 되어 가는 참담한 사태를 이어 가서는 안 될 것이다.

헌금 바겐세일

바겐세일이란 말은 한마디로 싸게 파는 것이다. 장사꾼들이 밑지고 판다는 소리를 종종 한다. 이 세상에 밑지고 장사하고픈 사람이 어디 있겠는가? 3대 거짓말이 있다고들 한다. "나는 절대로 시집 안 간다, 늙으면 죽어야지, 밑지고 판다."라는 말은 믿을 수가 없다는 것이다. 창고 정리한다며 온갖 물건을 '땡' 처리하는 것이 바겐세일이다.

요즈음 백화점뿐만 아니라 온 상점들이 내걸고 있는 바겐세일에 소비자들이 맛 들려 있는데 한마디로 미끼 전략에 말려드는 것이다. 장 보러 갔다가 싸다는 말에 너도 나도 기웃거리다 결국 엉뚱한 상품을 손에 들게 된다. 특히, 전철 안에서 사는 물건들이 그렇다. 값도 싸고 실용적일 것 같아서 샀지만 한두 번 사용하다 1년 내내 처 박아 놓는 경우가 다반사이다. 옛날 어린 시절에 겪었던 기억이 떠오른다. 귤 장수가 "귤 한 개 백 원, 백 원짜리 열 개 천 원!"이라고 외쳐대면 사람들이 몰려든다. 너도 나도 싸게 산 것이라고 들고 가지만 결국 제값을 주고 산 것을 알게 된다. 상술에 현혹되면 금전적으로 손해만 보는 것이 아니라 은근히 울화가 치밀어 오르기도 한다.

세상에서 사용하는 상술을 목회자들이 버젓이 사용하고 있다. 사역의 세계에는 의외로 장사꾼 부흥사들이 활개를 치고 다닌다. 이들이 내미는 복채에 과히 놀랄 만큼의 돈이 털리고 있었던 사례를 실제 경험한 일이 있다.

서울에 있는 어느 기도원을 찾은 적이 있다. 수십 명 앉혀놓고 열변의 설교를 토해내던 부흥사가 갑자기 단에서 내려와 한 사람 한 사람에게 다가가서 작정헌금을 하라는 것이었다. 맨 앞에 앉아있던 사람에게 다가가서는 큰 소리로 "당신 머리 위에 뱀이 틀고 앉아 있어! 오백 만원 내!" 다짜고짜 명령조였다. 또 옆에 앉아있던 사람에게 다가가서는 "당신 조상들이 너무 많은 죄를 지었어! 풀어주지 않으면 당신 집안에 저주가 평생 풀리지 않아! 어떻게 할 거야?" 협박조로 말하자 "아멘! 아멘!" 연발로 대답하는 것이었다. "오백 내! 삼백 내!" 헌금액수를 통보하듯 불러대며 한 사람 한 사람 그런 식으로 안수하더니 급기야는 나에게도 다가왔다.

방언으로 안수기도를 하기에 두 눈을 부릅뜨고 부흥사 눈을 똑바로 계속 쳐다보노라니 당황하는 기색이 역력했다. "당신 큰일 나게 생겼어! 앞뒤로 꽉꽉 막혔어! 당신 돈도 없지, 주님이 특별히 깎아주래! 삼백인데 이백만 내! 몹시 힘들구먼, 아멘 해야지! 기회를 놓치면 안 돼!" 참으로 가관이었다. 더욱 기가 막히는 것은 대부분 사람들은 분별하지 못하고 헌금을 다 바치기로 작정하고 결국 냈다는 것이다. 지금도 황당무계한 일들이 교회와 기도원뿐만 아니라 여러 곳에서 자행되고 있다. 이처럼 그 누구라도 아차 하면 속아 넘어가게 되는 것이다.

중세시대 면죄부를 판매하던 시기에 일어난 일화가 있다. 로마가톨릭교회의 교황 이노센트 4세와 당대의 최고의 신학자로 알려진 토마스 아퀴나스가 교황청 발코니에서 대화를 나누고 있었다. 때마침 발코니 아래로 교황청 산하 여러 나라 교구에서 보내온 헌금주머니들이 커다란 짐처럼 속속 도착하는 장면이 두 사람의 눈에 들어왔다.

교황이 먼저 흐뭇한 미소를 지으며 자랑스럽게 토마스 아퀴나스에게 말했다. "아퀴나스 선생, 베드로 사도께서는 은과 금이 없다고 말씀하셨는데 보시다시피 우리 교황청에는 은과 금이 넘쳐나고 있습니다." 거만스런 교황이 하는 말을 듣고 있던 아퀴나스가 하늘을 한 번 쳐다보고는 깊은 한숨을 내쉬면서 이렇게 말했다. "그런데 교황님, 교황청에서는 베드로 사도처럼 나사렛 예수의 이름으로 일어나 걸어가라고 말하는 사람은 없지 않습니까?"

"베드로가 이르되 은과 금은 내게 없거니와 내게 있는 이것을 네게 주노니 나사렛 예수 그리스도의 이름으로 일어나 걸으라 하고."(행 3:6) 하나님의 기적과 이적은 결코 돈으로 사고파는 것이 아니다. 안수와 안

찰의 명목으로 돈을 갈취하고 있는 자들은 복음의 핵심을 왜곡하는 적 그리스도다.

　기독교 복음의 본질적 핵심은 인간의 의지에 의한 양심을 지키는 것에 국한되어 있지 않다. 다른 종교와는 달리 양심에 따라 선한 일을 하면 인간의 의무를 다하고 사후의 세계를 보장받는 것이 아니다. 태어나면서부터 죄인임을 깨닫는 것이다.

　일생 동안 살면서 일만 가지도 넘는 죄악 속에 살 수밖에 없는 존재임을 인식하는 것이다. 사후에도 원죄와 자범죄 값으로 하나님 앞에 준엄한 심판을 받게 된다는 것이 성경에 기록되어 있다. 절망적인 인간에게 유일한 구세주로 오신 분이 바로 예수 그리스도다. 오직 주님의 이름으로 사죄와 구원의 영생의 은총이 주어짐을 믿는 것이 기독교다. 거저 입술로 주문 외우듯 따라 하는 것이 아니다. 마음으로 믿고 입으로 시인(롬 10:10)할 뿐만 아니라, 그리스도인의 본분에 맞는 삶을 살아가기 위해 몸부림쳐야 한다.

　오늘날 한국교회는 너무나 쉽게 값싼 복음을 전하고 있다. 마치 마트에서 물건 끼워 바겐세일 하듯이 교회만 다니면 구원이 주어진다고 생각한다. 참으로 헐값에 팔려나가듯 구원에 대한 소중함이 없다. 예수님께서는 자기십자가를 지라고 하셨다. 아브라함도 이삭도 야곱도 베드로도 바울도 이기풍 목사, 손양원 목사, 길선주 목사, 주기철 목사 등등 신앙의 기라성 같은 분들은 모두 공히 힘난한 숙명과 운명을 헤쳐 나갔다. 각자가 처한 상황의 위치에서 주님이 가신 그 길을 쫓아가는 것이다. 기독교인이 그리스도 중심의 삶이 아닌 자기중심의 이기적인 계산에 의해 신앙생활을 한다면 이미 그리스도인이 아닌 것이다.

• 마음 창고에 저장해 두는 한마디

오늘날 한국교회는 복음을 너무나 쉽게 전하려 하고 있다. 마치 마트에서 물건 끼워 바겐세일 하듯이 교회만 다니면 구원이 주어질 것처럼 유도한다.

헌금 굿판 벌인 부흥사

"교회 똑바로 세우자, 나라 똑바로 세우자, 통일 대박 이루자!" 축복과 기적을 위한 특별집회라는 명목하에 주요 일간지 광고란 1면을 도배한 기사를 접하면서 슬프다는 생각이 들었다. 강사로 나온 얼굴의 사진을 면면이 들여다보니 더욱 기운이 빠진다. 신학교 현직 총장은 물론 교계와 세상에서 내노라하는 분들의 이름들이 빼곡하다.

그들이 말하는 특별집회는 불을 보듯 뻔하다. 특별집회가 다 그런 것은 아니지만 대의 명분을 가장한 헌금 모금을 목적으로 하고 있음이 자명하기 때문이다.

한국교회는 복채를 제조하는 공장이다. 특히 기도원에서 벌어지는 축복성회는 만병통치를 가져다준다고 선전한다. 신비주의와 은사주의와 그리고 체험주의와 성공주의를 노골적으로 드러내 놓고 무지몽매한 영혼들을 마귀들에게 갖다 바치는 굿 놀이에 혈안이 되고 있다.

명목상 부흥회이지 무당들의 푸닥거리와 진배없다. 귀신에게 읊조려 병을 낫게 해달라고 빌며 온갖 액땜으로 옴 붙었던 재수덩어리가 떨어져 나가고 복이 넝쿨째 들어온다며 갖은 주술을 다 부려대고 있다.

푸닥거리가 정점에 오르면 제주들에게 돈을 강요하는 동일한 수법을 차용하고 있다. 헌금을 낼까 말까 하는 심리에 일침을 가하면 여지없이 주머니는 털리게 되어 있다.

헌금을 많이 거두는 부흥사가 유능한 부흥사이다. 이들은 부흥회를 마치면 마치 구전을 뜯는 것처럼 5:5니 6:4니 비율을 정한 대로 정산한다. 이 굿 놀이판에 넋 놓고 농락당하는 성도들이 불쌍하지 않을 수 없다. 이제 헌금 굿판을 벌이고 있는 무당 패들과 같은 부흥사들이 더 이상 활개 치지 못하도록 해야 한다. 헌금을 뜯어내지 않는 건전한 부흥회를 확산시켜 교회개혁에 불씨를 당기도록 해야 한다.

한국 교회의 초창기에는 평상시에 못했던 성경공부를 배우는 '사경회'를 열었다. 그래서 성경을 재미있고 쉽게 가르치는 부흥사를 초청해서 일주일간 성경공부에 집중하는 집회를 열었다. 성경지식에 큰 도움이 된 성도들이 은혜를 받고는 쌀도 내놓고 배추도 전달하고 쌈짓돈으로 헌금하던 그 시절의 사경회가 그립다. 성령이 역사하는 사경회였기에 은혜를 받고 무엇이라도 드리고 싶은 마음이 간절했기 때문이었다.

성령의 역사는 엄청난 변화를 일으켰다. 예수님의 복음이 전파되자 밀주가 담겨져 있던 술독을 깨트리고 화투를 태워 도박을 퇴출시켰으며 근절 검약 정신으로 가난을 몰아냈다. 그래서 죽어가는 영혼들이 살아나기 시작했다. 이것이 바로 사경회인 것이다. 그러나 요즈음의 부흥집회는 그 의미가 변질되었다. 물론 건실한 목회자를 초청해서 은혜로운 집회를 개최하는 곳도 여럿 있다. 그러나 마치 세금이나 빚이라도 거두는 것인 양 성도들에게 헌금을 강요하는 부흥사는 하나님의 준엄한 심판을 피할 수 없을 것이다.

> **• 마음 창고에 저장해 두는 한마디**
>
> 이제 헌금 굿판을 벌이고 있는 무당 패들과 같은 부흥사들이 더 이상 활개 치지 못하도록 해야 한다. 헌금을 뜯어내지 않는 건전한 부흥회를 확산시켜 교회개혁에 불씨를 당기도록 해야 할 사명이 우리 모두에게 있다.

로스앤젤레스LA 카지노로 간 헌금

"카지노 도박 혐의 P 목사 법정구속!" 언론에 실린 기사 제목이다. (2017.7.17. 서울매일) 수년 전에는 라스베가스 도박장에 가서 수억 원을 탕진하였다는 기사가 뜨더니 또다시 사고가 터졌다. 개인의 돈일지라도 목회자가 도박을 한다는 것 자체가 입에 올리기가 거북스럽거늘 교회헌금으로 도박을 하였다는 것이 과연 용서가 되겠는가?

한국교회 주요 교단들은 목회자 노후 보장을 위해 연금재단을 운영하고 있다. 현직으로 있을 때 일정 정도의 돈을 내고 은퇴 이후 매달 돌려받는 시스템이다. 취지는 좋은데 돈이 모이다 보니 크고 작은 문제가 발생되고 있다. 비전문적인 투자로 원금 손실이 일어나기도 하고 기득권 세력의 배임·횡령 대상이 되기도 한다.

여의도에 본거지를 두고 있는 굴지의 대형 교단의 산하 기관에서

200억 원이 넘는 연금을 담보로 대출받은 사실이 뒤늦게 드러났다. 대출 원금만 83억 5,000만 원에 달했다. 이사장인 L목사의 지시로 조사가 이뤄졌고 곧 배후가 밝혀졌다. P목사와 S목사였다.

P목사는 교단·신학교 공금 30억을 횡령해 카지노에서 탕진한 죄로 1심에서 징역 4년 6개월을 선고받아 법정 구속됐다. P목사는 6월 1일 마지막 공판에서 "물의를 일으켜 죄송하다. 교단과 신학교 발전을 위해 그런 것이니 관대한 처분을 바란다."라며 머리를 숙였다.

재판장은 피해액이 이자를 포함해 114억 원에 이른다며 어떻게 보전할 것이냐고 물었다. 이에 P 목사는 "자유의 몸이 되면 갚을 수 있다."라며 다시 한번 선처를 부탁했다. 검찰은 두 목사에게 각각 징역 5년을 구형했다. 재판부는 "피고는 교단 재산을 자의적으로 집행한 것이 문제가 돼 횡령과 배임 등으로 두 차례 집행유예 선고를 받은 적이 있는데도 계속해서 도박자금 마련을 위해 교단과 학교의 자금을 사금고처럼 이용했다."라고 밝혔다. 또 주일 말고는 도박장에서 살다시피한 기록이 확인됐고 심지어 재판을 받는 중에도 도박장을 출입한 사실이 밝혀졌다. 재판부는 "목회자로서의 성결성을 저버린 채 교인들이 지속적으로 보내준 신뢰를 배신했고 재정사정이 좋지 않은 교단 총회와 학원에 막대한 피해를 줬다."라고 밝혔다. 이어서 재판부는 "그런데도 사실을 감추려 한 정황이 보이고 많은 거짓말을 하고 있다."라며 "도주 우려가 있어 법정 구속한다."라고 밝혔다. 무슨 할 말이 더 있겠는가? 한국교회 헌금이 어떻게 찬탈당하고 있는지에 대한 단면을 보는 것 같아 참으로 가슴이 답답하다.

- **마음 창고에 저장해 두는 한마디**

  개인의 돈일지라도 목회자가 도박을 한다는 것 자체가 입에 올리기가 거북스럽거늘 교회헌금으로 도박을 하였다는 것이 과연 용납되겠는가?

뜯는 헌금 뜯기는 헌금

프랑스의 소설가 빅토르 위고의 작품에 등장하는 주인공 장발장은 프랑스 사회의 비참한 빈자들의 삶을 대변하고 있다. 굶주린 조카의 배를 채워주기 위해 빵 한 조각 훔친 죄로 19년이라는 긴 세월 동안 감옥에서 보내게 된 장발장! 그는 가석방으로 나왔으나 사회에 적응하지 못하고 그만 또다시 성당에 들어가 은 쟁반을 훔치다 경찰에 붙잡혀 평생 옥살이를 하는 상황에 직면하게 된다. 그런데 사제인 마리엘 주교의 자비심으로 은 촛대까지 얻어가지고 나오면서 원 플러스 원의 선한 것이 어떤 것인지를 감지하면서 숙명을 바꾼다.

얼마 전 생활고에 쪼들리다 못해 교회 헌금을 턴 한 청년의 사연이 언론에 보도된 적이 있다. 자신이 다니던 교회의 헌금함에 있는 35만 원을 통째로 훔쳤다가 발각된 34세의 박 모씨가 교회 측의 신고로 구속된 사건이다. 장기간 무직으로 그가 어려움에 처해 있었다는 사실을 알고도 경찰에 신고한 것은 참으로 안타깝기 그지없다.

우리 사회에는 헌금함에 손을 대지 않으면 안 될 만큼 절박한 생활고를 겪고 있는 사람들이 의외로 많다. 반면에 부를 축적해 놓고 세상 부귀영화에 도취되어 있는 권력자와 부자들이 얼마나 많은가? 35만 원이 아니라 35억, 350억, 그보다 더한 천문학적 수치의 부정한 돈을 편취하거나 갈취하고도 버젓이 특사를 받고 훈장을 받는다. 이들을 혼내줄 수 있는 현대판 임꺽정이나 홍길동이 나오기를 학수고대한다고 해서 과연 쓴 웃음을 지을 수만 있겠는가? 대기업의 총수, 국회의원, 내로라하는 판, 검사 중에 통 큰 도둑이 신문에 대문짝만 하게 보도되어도 불감증에 걸려있는 나라가 한국이다. 교회가 먼저 썩어 있어 혼탁한 사회에 전혀 도움이 되지 못하고 있는 현실에서 하나님의 가호가 절실하다.

얼마 전 재미난 글을 읽은 적이 있다. 마침 헌금에 관한 이야기여서 차분히 읽어봤더니 의미심장한 내용이었다. 어느 날 성직자 세 명이 모여서 대화하는 중에 헌금에 대해서 얘기가 나왔다는 것이다. 먼저 천주교 신부가 말하기를 헌금을 하나님께 바치는 기발한 아이디어가 있다는 것이다. 뭐냐며 물었더니 "땅바닥에 줄을 긋고 돈을 전부 공중에 던져서 자기 것과 하나님 것을 구별할 수 있다."라는 것이다. 그래서 오른편에 떨어진 돈은 하나님께 바치고 왼편으로 떨어진 돈은 자신의 주머니에 넣으면 된다는 것이다.

그러자 기독교 목사가 말하기를 "썩 좋은 방법은 아니군요, 나는 땅바닥에 원을 그려놓고 돈은 전부 공중에 던집니다. 그래서 원 안에 있는 것은 하나님께 바치고 원 밖에 있는 것은 내가 갖습니다."라고 한 술 더 떠서 말하는 것이다.

옆에 있던 유대교의 랍비가 돌아서서 숨을 한 번 크게 몰아 쉬더니 하는 말이 "나는 내가 가진 모든 돈을 아예 몽땅 다 주님께 바칩니다." 그러자 신부와 목사가 어이없다는 듯이 비웃으면서 어떻게 바치는지 방법을 물었다. "먼저 있는 돈을 전부 하나님을 향하여 공중에 던져버리고 난 후 공중에 머무는 돈은 하나님께 바치고 땅에 떨어지는 돈은 다 제 것이 되는 것이지요."라고 말하더라는 것이다.

비록 예화이기는 하지만 오늘날 교회 헌금이 이렇게 가증스런 방법으로 수탈당하고 있는 것만 같아 씁쓸함을 지울 수 없다. 모 교회에서 간증집회 하는데 기막힌 사연이 소개되었다. 1년간 헌금을 내지 않았더니 집안에 우환이 들었다는 것이다. 그래서 나중에 계산해 보니 헌금 떼어먹은 돈만큼 병원비와 사고 처리 비용으로 꼬박 들어가더라는 것이었다. 그러면서 하나님께서는 헌금을 안 낸 만큼 돈이 들어가도록 하시니 헌금 떼먹지 말라고 간증하는 것을 보고 '돈'에 미쳐도 단단히 미쳤음을 확인할 수 있었다.

기댈 곳 없는 서민들의 나약한 마음을 이용해 갖은 명목의 미명하에 등골을 빼먹는 집단은 교회뿐만이 아니다. 정치인이나 기업가나 사회 곳곳에 결국 그럴듯한 명분을 내세워 자신의 배를 채우는 '돈 벌레'들로 가득한 실정이다.

• 마음 창고에 저장해 두는 한마디

기댈 곳 없는 서민들의 나약한 마음을 이용해서 갖은 명목의 미명 하에 등골을 빼먹는 집단은 교회뿐만이 아니다. 정치인이나 기업가나 사회곳곳에 결국 그럴 듯한 명분을 내세워 자신의 배를 채우는 '돈 벌레'들로 가득한 실정이다. 교회가 세상보다 먼저 썩어 있어 혼탁한 사회에 전혀 도움이 되지 못하고 있는 현실에서 하나님의 가호가 절실하다.

택배로 둔갑한 헌금

'새 희망 씨앗'이라는 비영리 공익 법인의 운영자가 요트와 고급 외제 승용차를 구입하는 등 초 호화판 생활로 128억 원이라는 엄청난 후원금을 탕진한 것이 언론에 대서특필된 바 있다. 선량한 사회복지가들이 엄청난 타격을 받지 않을 수 없게 되었다. 필자의 교회가 소재한 서울역 주변에도 자선사업을 빙자하여 신문과 교계 TV에 허위과장 광고를 하면서 자신의 배를 불리는 사역자가 있다. 부부가 허름한 옷을 입고 수염도 깎지 않은 부스스한 얼굴로 노숙인들을 위해 급식을 제공하며 헌신하는 장면이 담긴 사진이 보도된 것을 보노라면 기가 찰 노릇이다. 후원자들은 이들의 자세한 내막을 알 수가 없다. 이런 자들은 후원자가 전해주는 후원금품과 물자들을 제대로 배달해 줄 리가 만무하다.

50달러 헌금하면, 주님 말씀이 택배로 전해집니다. 미국 45대 트럼프 대통령 취임식에서 개신교를 대표해 기도한 바 있는 여성목사 폴라 화이트는 평소 헌금을 매우 강조하는 목회자로 알려져 있다. 그녀는 아예 노골적으로 "부자가 되는 방법은 헌금을 많이 하는 것."이라며 공공연하게 '번영신학'을 강조하고 있다.

하나님께서 헌금하는 사람들에게는 특별히 강력한 말씀으로 복을 주시며 반드시 잘살게 해 주신다는 것이다. 그녀가 운영하는 웹사이트에는 '씨앗 헌금'을 강조하며 "헌금을 내면 하나님의 말씀을 즉시 들을 수 있다."라며 입금을 독려하고 있다. 한 술 더 떠서 "헌금을 하면 하나님께서 더 큰 부로 되갚아 주신다."라는 말을 설교에서 강조하고 있다. 평소 그녀가 주장하는 헌금 액수의 기준이 50달러이다. "50달러 미만이면 주님의 말씀을 인터넷으로 다운받아 들을 수 있고 50달러 이상이면 5개의 DVD를 통해 하나님의 말씀이 전달될 수 있습니다."라고 공개적으로 헌금액수를 제시하고 있다.

외국의 이야기뿐만 아니라 한국에서도 버젓이 이와 같은 행위가 자행되고 있는 것이 안타까운 현실이다. 교계 언론과 TV에 자주 등장하여 꽤 알려진 목사가 자신의 설교를 들으면 반드시 헌금으로 보답하라고 공공연하게 헌금독려에 열을 올리고 있다. "100원짜리, 500원짜리, 1,000원짜리로 헌금하는 자가 있는데 그게 구원받은 것들이냐!"라며 헌금의 액수가 적음에 대한 노골적인 불만을 토로해 내기도 했다.

"돈을 내는 만큼 설교말씀이 귀에 들리는 것"이라는 어처구니없는 논리를 주장하는 자들로 인해 설교방송을 청취하는 사람들의 마음이 상하고 있다. 설교방송을 하는 목사들은 방송국에 전파선교 후원형식으로 매월 정기적으로 기탁하는 것으로 알려져 있다. 적게는 몇십만 원에서 많게는 몇백만 원까지 전파선교 헌금으로 후원을 한다고 한다. 하지만 목사가 설교를 담보로 헌금을 요구하는 것은 명분도 없을 뿐만 아니라 성경 어느 곳에서도 찾아 볼 수 없는 강매 행위다. 목회자는 헌금을 나르는 택배역할을 수행함에 있어 임무를 충실히 수행해야만 한다. 성도들이 바친 '돈'은 세상의 돈과 구별되어야 한다. 성도들이 드린 돈을 통해 복음의 꽃이 피고 전도의 열매가 맺도록 최종목적지까지 정확하게 전달할 책임이 목회자에게 있기 때문이다.

헌금을 많이 내서 복 받는 것이 아니라 이미 받은 복에 대한 감사로 드리는 것이 예배예식의 봉헌제의이다.

> **• 마음 창고에 저장해 두는 한마디**
> 필자의 교회가 소재한 서울역 주변에도 자선사업을 빙자하여 신문과 교계 TV에 허위과장 광고를 하면서 얻게 된 후원금품으로 자신의 배를 불리는 사역자가 있다.

헌금 긁어모으는 초능력

'축복과 기적을 위한 특별 집회' 얼마 전 발간 부수가 제일 많은 것으로 알려진 일간지의 한 면에 대문짝만하게 광고된 집회 제목이다. 국내에서 내노라하는 기라성 같은 목사들이 총망라되어 강남지역에 위치한 유명한 기도원에서 집회한답시고 온통 선전 문구로 뒤덮여 나온 내용을 유심히 살펴보게 되었다. "간암 4기를 하나님께서 말끔히 치료해 주셨습니다." "신장암 말기 금식기도로 치료 받았습니다." "자살을 시도했다가 3일 금식기도로 연 매출 100억 원의 축복을 받게 되었습니다."라는 광고 제목들 속 깨알 같은 사연들이 눈 속을 헤집고 들어왔다.

몇 년 전 필자가 알고 있는 어느 기도원에서 있었던 일이다. 그곳에서 은혜를 받아 필자가 아는 여러 사람들을 데려간 적이 있었다. 늦게서야 알게 된 사실이지만 모두에게 안수기도를 해주면서 하나님이 200만 원 바치라고 했다는 것이었다. 결국 두 사람 빼고는 필자가 소개했던 대부분의 사람들이 그 돈을 바쳤다. 갖가지 어려움을 당해 기도원에 찾아간 분들이었지만 바친 헌금의 액수보다 더 무거운 심령으로 돌아왔다는 것이다.

그뿐만이 아니다. 허리가 휘어진 할아버지에게 "조상의 죄가 너무 커, 소 한 마리 하나님께 드리면 허리가 펴져! 내가 백만 원 깎아 줄게, 나니까 이렇게 깎아 주는 겨!"라며 노골적으로 헌금을 강요했다. 결국 그 할아버지는 저녁 집회 때 이백오십만 원을 헌금으로 드렸다. 그 이후 할아버지의 허리가 펴졌는지는 알 수가 없다.

어느 부흥사는 인천 모 교회서 부흥회 설교시간에 "나는 강사료가 비싼 사람입니다." 하면서 장로 두 사람을 나오게 한 후 가위, 바위, 보를 시켜 이긴 장로는 50만 원, 진 장로는 100만 원 헌금을 내게 하고는 자신이 가지고 갔다고 한다. 부흥사도 부흥사지만 장로임에도 불구하고 헌금공출에 노리개가 된 상황을 어찌 이해할 수 있단 말인가? 헌금 긁어모으는 초능력에 혀를 내두르지 않을 수 없다.

> • **마음 창고에 저장해 두는 한마디**
>
> 부흥사도 부흥사지만 장로임에도 불구하고 헌금공출에 노리개가 된 상황을 어찌 이해할 수 있단 말인가? 그들의 헌금 긁어모으는 초능력에 혀를 내두르지 않을 수 없다.

헌금으로 사들인 감투

헌금으로 온갖 감투에 투자하고 있는 목회자들이 있어 안타깝기 그지없다 "무명한 자 같으나 유명한 자요 죽은 자 같으나 보라 우리가 살아 있고 징계를 받는 자 같으나 죽임을 당하지 아니하고."(고후 6:9)

사도 바울의 신분이 어떠했는가? 가멜리엘 문하에 힐렐 학파로써 당시 그의 명성은 하늘을 찌를 듯하였다. 하지만 그는 "그리스도를 아는 것 이외에는 모든 것을 배설물로 여겼다."(빌 3:8)라고 하였다. 왜 목사들이 감투에 목을 매는가? 이유는 간단하다. 허기진 영적 갈증을 채우지 못하자 권력을 사모하게 되어 온갖 감투에 혈안이 되고 있기 때문이다.

교단마다 다소 차이가 있겠으나 통상 노회 정기 총회 때가 되면 임직자들이 교체된다. 서로 노회장이 되고 시찰장이 되기 위해 암투가 벌어지는 경우도 있다. 평소 동료 목사들에게 밥이나 사고 환심을 사면 그

주위에 패거리들이 모여든다. 노회장이 되고 지역의 교구 협의회장이 되고 지역관할 경찰서를 드나들며 자신의 이름을 낸다. 더 나아가 교단의 총회 임직을 맡게 되면 그가 속한 교인들은 목사 얼굴 볼 시간이라고는 고작 주일날 밖에 없는 경우도 있다.

교회의 직분은 세상 그 어느 직분보다 거룩하고 신성한 것이다. 그런데 교회직분을 빌미로 그럴듯한 명분을 내세워 돈을 내게 한다. 필자가 직접 들은 이야기다. 누구나 다 알고 있는 여의도에 있는 세계적인 대형교회에서 장로 직분 임직을 하는 데 수천만 원을 헌금으로 바쳐야 한다는 내용이다. 이제는 공공연한 비밀이 되었지만 참으로 통탄할 일이 아닐 수 없다.

비단 이러한 대형교회뿐만 아니라 여러 교회에서 집사, 안수집사, 권사, 장로 직분을 주기 전에 헌금 기부를 종용한다. 직분을 받기 위해 친지에게 빌리거나 은행에서 대출을 받는 경우가 있다는 것이다. 직분이 올라갈수록 금액은 자동적으로 비례하여 올라갈 수밖에 없는 것이다. 만일, 돈을 교회에 바치지 않고 직분을 수행하는 경우에는 공개적인 눈총을 이겨내기가 힘들다는 것이다. 그래서 교회를 떠나는 경우도 왕왕 발생하기도 한다. 부여된 직분에 대한 감사헌금은 명목상일 뿐 사비를 털어 울며 겨자 먹기 식으로 교회관례에 따라 감투 값으로 지불한다.

적게는 수십만 원에서 많게는 억 단위까지 값이 정해진 교회 감투는 교회 내정간섭의 빌미를 제공하여 목회 방향에도 적잖은 영향력을 행사한다. 결국 교회는 영혼을 사랑하는 것이 아니라 돈을 사랑하는 집단으로 변질되어 가고 만다. "돈을 사랑함이 일만 악의 뿌리가 되나니 이것을 탐내는 자들은 미혹을 받아 믿음에서 떠나 많은 근심으로 자기를 찔렀도다."(딤전 6:10)

돈으로 맺어진 조직은 결국 사역자 자신의 역량을 강화하기 위해 눈길을 외부로 돌릴 수밖에 없다. 지역유지들과 어깨를 나란히 하기 위해 각종 명칭의 조직에 들어가게 되고 명함에 직함이 서서히 늘어나게 된다. 그리고 교회는 부차적인 수입원으로 전락하고 만다.

목회자는 더욱더 바울처럼 명예를 모르는 바보, 물질을 모르는 바보, 세상을 모르는 바보, 교인만 아는 바보, 예수만 아는 바보가 되어야 할 것이다.

> **마음 창고에 저장해 두는 한마디**
>
> 목회자는 더욱더 바울처럼 물질을 모르는 바보, 명예를 모르는 바보, 세상을 모르는 바보, 교인만 아는 바보, 예수만 아는 바보가 되어야 할 것이다.

독배를 마신 헌금

　수년 전에 절찬리에 방영되었던 '서편제'에서 소리꾼인 유봉이 자신의 양딸 송화의 내면에 있는 한을 목소리로 돋우어내기 위해 극약 처방을 내리는 장면이 등장한다. 신체적인 가학을 위해 독약을 사용하는데 바로 '부자'라는 약초의 뿌리에서 채취되는 독을 달여서 마시게 한 것이다. 명창의 소리꾼으로 만들기 위해 고의적으로 양딸의 눈을 멀게 하는 장면은 참으로 끔찍하고 잔인한 장면이다. 찬반양론의 대상이 된 것 자체가 작가의 노림수가 먹혀 들어간 것일 수도 있겠지만 흥부의 형이 고의적으로 제비다리를 부러뜨린 후 결과적으로 얻은 것이 무엇이었나를 생각나게 하는 장면이었다.

　한을 인위적으로 창출해 낼 때 한을 삭이고 진정시키는 것이 아니라 오히려 한이 소리꾼의 목청을 타고 무섭게 분노와 증오로 전염되어 나갈 수밖에 없는 것이다. 서편제뿐만 아니라 모든 문학적 소재의 배경에는 지울 수 없는 '돈'의 어두운 그림자가 짙게 깔려 있다.

돈독이 오르면 눈에 뵈는 것이 없다는 말이 있다. 사람이 술을 먹다가 끝내는 술이 사람을 먹게 됨과 같다는 의미다. 성경을 살펴보면 '돈'을 좇다가 패망한 사례들의 수법이 하나같이 빼닮아 있다는 것을 확인할 수가 있다.

가나안 땅 여리고 성을 함락시키고 기고만장한 상태에서 아이성을 우습게 여기고 쳐들어갔다가 참패당했던 원인이 전리품을 챙긴 아간의 범죄였음이 밝혀졌다. 시날산의 외투 한 벌과 은 이백 세겔과 50세겔 되는 금덩이 하나를 보고 탐내어 취한 것이 들통난 아간은 아골 골짜기로 끌려가 무참히 돌에 맞아 숨졌고 시신마저 불태워져 연기로 사라졌다. (수 7:21~26)

적군인 나아만 장군의 문둥병을 돈 한 푼 받지 않고 치료해준 엘리사의 깊은 뜻을 헤아리지 못하고 재물에 눈이 어두워 몰래 물건을 빼돌리다가 들킨 엘리사의 사환 게하시는 천벌로 내려진 문둥병에 걸리고 만다. (왕하 5:20~27) 발람 선지자 역시 재물에 눈이 멀어 발락 왕에게 끌려다니다 말 못 하는 당나귀 입에서 나오는 책망까지 듣는 기가 막힌 일이 벌어진다. (민 22장)

엘리 제사장의 두 아들 홉니와 비느하스는 엘리의 과보호로 말미암아 이스라엘 백성이 하나님께 드리는 제물을 마음껏 탈취하는 범죄를 저질렀다. 결국 참혹한 결과를 맞이하게 되고 만다. "하나님의 궤는 빼앗겼고 엘리의 두 아들 홉니와 비느하스는 죽임을 당하였더라."(삼상 4:11)

돈독이 올라 자신의 토지를 팔아 현금화한 아나니아와 삽비라 부부 역시 앞으로 내고 뒤로 빼돌리려다 하나님으로부터 급사를 당했다.(행 5:1~11)

헌금을 탐하는 담임목사 밑에서 동역하는 부교역자들 역시 세월이 지나면 못된 버릇들을 어김없이 빼닮아가는 것을 눈으로 확인할 수 있다.

소크라테스는 신을 모욕하거나 젊은이들의 영혼을 현혹한 바가 없었다. 일찍이 위선과 물질만능의 이기적인 상업 철학에 사로잡혀 돈과 재물이면 그 어떠한 영혼도 손쉽게 다룰 수 있다고 착각한 아테네 지식인들을 향하여 끊임없이 외쳐댔을 뿐이다.

신을 향해 무엄하게 자유의지를 남발하는 가련한 영혼들의 자성을 요구한 대가는 결국 한 잔의 독배였다. 그러나 그가 마신 독배는 2500여 년이 지난 오늘날 주옥같은 삶의 지혜가 담긴 축배로 사용되고 있다. 아마도 지구가 존속하는 그날까지 독배사건에 담긴 숭고함의 메시지는 방황하는 영혼들에게 보약의 축배로 이어져 나갈 것이다.

그가 남긴 수많은 경고의 글 중에서 각인되는 말이 있다. "부자가 재산을 자랑하더라도 그 부가 어떻게 쓰이는지 확인되기 전에는 결코 부자를 칭찬할 이유가 없다." 그렇다! 이 세대 우리 모두에게는 똑똑하고 잘난 수만명 보다 선한 용기를 실천하여 실의에 빠져 허덕이는 단 한 사람에게 희망을 주는 사람이 요구된다.

> "여호와께서 말씀하시되 너희의 무수한 재물이 내게 무엇이 유익하뇨 나는 숫양의 번제와 살진 짐승의 기름에 배불렀고 나는 수송아지나 어린 양이나 숫염소의 피를 기뻐하지 아니하노라 너희가 내 앞에 보이러 오니 이것을 누가 너희에게 요구하였느냐 내 마당만 밟을 뿐이니라."(사 1:11~12)

성도들 한 사람 한 사람이 하나님께 바치는 헌금에는 각자의 삶에서 겪는 감사의 기쁨과 고뇌의 눈물이 담겨 있다. 헌금의 한 푼 한 푼에 이러한 숭고함이 담겨져 있음을 안다면 두렵고 떨리는 마음으로 헌금을 사용하여야 할 것이다.

> **• 마음 창고에 저장해 두는 한마디**
>
> 성도들 한 사람 한 사람이 하나님께 바치는 헌금에는 각자의 삶에서 체험한 감사의 기쁨과 고뇌의 눈물이 담겨져 있다. 헌금의 한 푼 한 푼에 이러한 숭고함이 담겨져 있음을 안다면 두렵고 떨리는 마음으로 헌금을 사용하지 않을 수 없다.

도둑맞은 헌금 바구니

일명 '잠자리채'라고도 불리는 헌금바구니를 볼때 마다 역겹다 못해 한숨이 저절로 나온다. 물론 가만히 앉아서 헌금을 내도록 친절을 베푸는 것이라고 좋게 생각할 수도 있지만 전혀 그렇지가 않다. 특히 기도원에서 예배시간마다 일렬횡대로 헌금요원들이 이리저리 바구니를 들이대며 휘젓고 다니는 모습은 참으로 가관이다.

필자는 기도원에서 헌금을 긁어모으는 부흥사들을 많이 보아왔다. 그들은 성경의 헌금 구절을 교묘하게 들이대며 갈급한 신자들의 약점을 한껏 이용한다. "들어가도 복을 받고 나가도 복을 받고."를 외쳐대며 복을 파는 데 여념이 없다. 한층 예배 감정이 복받쳐 무르익을 때 어김없이 헌금 바구니를 돌려댄다. 그들은 부흥회가 끝나기 무섭게 사전에 약정한 비율대로 나눠 갖고는 유유히 사라진다. 명강사가 따로 있는 것이 아니라 헌금을 잘 뜯어내는 자가 잘 팔리는 부흥사로 알려지고 있다. 이것이 기막힌 현실이다.

물론 전국의 모든 기도원이 다 그렇다고는 할 수 없으나 현실을 부정할 수는 없는 노릇이다. 그들이 하나같이 헌금을 긁어모으는 데 사용하는 도구가 헌금바구니인 것이다. 예배시간에 헌금바구니가 너울너울 춤을 추듯 이리저리 휘젓고 다닐 때 성도들은 과연 어떤 생각을 하겠는가? 물론 감사한 마음으로 정성스레 준비한 헌금봉투를 바구니 속에 넣는 신자들도 있을 것이다. 또한 눈치를 보며 주머니에 손을 넣어 혹여나 만 원짜리가 걸려 나오면 얼른 천 원짜리를 찾아 헌금바구니에 넣는 자도 있을 것이다.

저자가 박사학위 논문 작성과정에서 헌금 수취 방법에 대한 설문조사를 시행한 바 있다. 조사에 의하면 성도들의 대부분은 헌금바구니를 들이대는 것에 대해 상당한 거부감을 갖고 있는 것으로 확인되었다.

목회자들이 헌금바구니를 선호하는 이유는 헌금함보다 헌금이 더 많이 수취된다고 믿고 있기 때문이었다. 반면에 성도들이 헌금함을 선호하는 이유는 각자의 믿음의 정도에 따라 자유롭게 헌금할 수 있기 때문이라고 답변하였다.

성도들은 헌금바구니가 당도할 때 선뜻 내키지 않는 돈을 집어넣을 때가 훨씬 더 많다는 것이다. 예배 중에 받은 은혜가 헌금바구니에 의해 달아나서는 결코 안 될 것이다. 남의 눈치를 보며 마음에도 없는 헌금을 한다면 그 손길의 당사자는 과연 어떤 심정이겠는가? 가식적인 헌금을 조장하는 바구니는 더 이상 예배당에 존치시켜서는 안 된다는 생각이다.

나를 속이고 하나님을 속이는 데 이용되고 있는 것이 헌금바구니라면 지극히 성경적이지 않은 것이다. 억지로 드리는 돈의 사용 결과는 결국 참혹한 결과를 낳을 수밖에 없기 때문이다. 잠자리채로 불리는 오늘날 교회 헌금바구니는 은혜를 낚아채가는 돈 채로 전락되고 말았다.

경기도 파주에 위치한 유명한 기도원에서 벌어지고 있는 헌금바구니를 이용한 모금 실태는 참으로 가관이다. 이름을 대면 단번에 알 수 있는 그 유명한 기도원에서는 속칭 '이삭줍기'까지 한다. 한 번 일차적으로 헌금 채가 교인들 앞으로 지나간다. 그런 후 바로 뒤이어 또 다른 헌금바구니가 뒤따라간다. 철저하게 이삭을 줍는 것이다. 참으로 돈이 없어 내지 못하는 자들의 마음을 아프게 하는 장면이 벌어지고 있다.

교회에서 헌금바구니를 사라지게 하려면 마음에 없는 돈은 헌금바구니에 넣지 말아야 한다. 엄연히 고정된 헌금함이 있을 터인데 헌금바구니를 돌릴 필요가 없는 것이다. 헌금을 강요 아닌 강요로 몰고 가는 수취 방법은 더 이상 관행되어서는 안 될 것이다.

특히, 기도원이나 교회 부흥회 때 일시적인 감정을 불러일으켜 헌금을 수취하는 도구로 이용되고 있는 것이 헌금바구니이다. 예배시간에 돌아다니는 헌금바구니 앞에 단 한 번의 갈등도 해본 적이 없는 사람이 과연 몇이나 될까?

자신을 속이고 하나님을 속이며 영혼을 혼돈시키는 헌금바구니로 인해 소중한 헌금이 도둑맞지 않도록 해야 한다.

> **• 마음 창고에 저장해 두는 한마디**
> 자신을 속이고 하나님을 속이며 영혼을 병들게 하는 헌금바구니로 인해 소중한 헌금이 더 이상 도둑맞지 않도록 해야 한다.

제4장

천군
현명군

오직 선을 행함과 서로 나누어 주기를 잊지 말라
하나님은 이같은 제사를 기뻐하시느니라

• 히브리서 13:16 •

부흥을 빙자한 건축헌금 추방

교회마다 처한 상황에 따라 다를 수 있겠으나 부흥강사를 초청하는 근본 목적은 하나님의 말씀을 배워 익힐 뿐만 아니라 행함으로 사죄와 구원의 영생에 대한 복음을 만민에게 전파하는 데 있다.

1973년 5월 30일부터 6월 3일까지 여의도 광장에서 개최되었던 빌리 그레이엄 목사의 부흥회에서 혼신을 다해 통역에 임하였던 김장환 목사의 열정적인 모습이 떠오르지 않을 수 없다. 17개 교단이 연합한 전무후무의 순수한 전도 집회였다. 당시 지방예비 집회까지 합산한다면 연인원 334만여 명의 엄청난 군중이 모여들게 되었고 3만 7천여 명이라는 결신자가 복음을 받아들인 것은 하나님께서 일으키신 기적의 대역사였다.

당시 빌리 그레이엄 목사는 교회 건축을 멋들어지게 지어야 함을 역설하지 않았다. 목회자에게 세상의 감투가 씌어져야 한다고도 하지 않았다. 교단의 세력을 확장해 나가고 교회가 부흥되기 위하여 헌금이 필요하다는 말도 하지 않았다. 그는 오직 성경에서 적시한 예수그리스도를 통한 구원의 복음만을 외쳤다.

70년대는 우리 한국 사람은 아무것도 이뤄낼 수 없다는 열등감과 자학의 늪에서 빠져나오려고 안간힘을 다하고 있었을 때였다. 그때 그는 하나님께서 한국을 사랑하셔서 자신을 보내셨다고 외쳤다. 하나님께서 한국을 사랑하시기 때문에 동방의 예루살렘이 될 수 있다는 소망의 메시지를 전파했던 그의 설교말씀이 수십 년이 지난 지금까지도 강렬하게 들려오는 것만 같다.

오늘날 부흥강사들 중에는 순수한 복음의 메시지는 온데간데없고 돈을 거두어들이는 데 혈안이 되어 있는 자들이 있다. 이러한 부흥강사들로 인해 불명예의 여론이 갈수록 더해지고 있다.

세간의 비평에 떳떳하게 "나는 그렇지 않소!"라고 항변할 부흥강사들이 과연 몇 명이나 될까? 부흥회를 이끄는 과정에서 계시를 받고 환상과 꿈을 해석하며 예언과 치유의 은사가 있음을 과시하는 강사도 있다. 그래서 모든 저주와 재앙을 막고 취직과 사업이 번창하게 되고 너도 나도 다 부자가 될 수 있다며 확신범처럼 외쳐대고 있는 자들이 있다. 이러한 부류의 부흥강사는 복음 전달이 아니라 오직 '돈'이다. 합법적 기만전술을 구가하기 위해 성경구절을 여기저기 붙여대고 있다. 이들에게는 오직 얼마나 많은 헌금이 집회에서 걷힐 것인가에 대한 관심만 있을 뿐이다.

유다왕 요시야는 성전에 올라가 하나님의 언약 책에 기록된 율법을 낭독하고 마음과 성품을 다하여 기록된 계명과 법도와 율례와 규례들을 지켜 행하였다.(왕하 23:2~3) 신약시대에 들어와서도 바울 역시 회당에 들어가 석 달 동안 하나님 말씀을 선포하였다.(행 19:8) 또한, 오늘날 심령 대부흥회의 모본이 되는 미스바 성회(삼상 7:5)에서는 사무엘이 온 백성과 함께한 회개 기도모임 끝에 블레셋을 무찌르는 기적을 체험하기도 하였다.

사도행전에 기록된 베드로와 요한과 바울의 사역 행적에서도 심령부흥회를 일으켰음이 자세히 나와 있다. 무엇보다 사도들의 전도 집회를 통해 엄청난 군중의 무리들 중 오천 명이나 회심한 사건이 자세히 기록되어 있다. 이와 같이 부흥회의 목적은 하나님의 복음을 순수하게 전달하는 데 있는 것이다.(행 3:12~26) 복음의 열매는 성령께서 전하고자 하는 자의 영적 상태에 따라 역사하시기 때문에 결과는 하나님께 맡기고 최선을 다하면 된다.

이제 우리 모두는 돈독에 올라 있는 사채추심사원과 같은 부흥강사를 과감하게 거부하고 쫓아내야 한다.

> **마음 창고에 저장해 두는 한마디**
>
> 복음의 열매는 성령께서 전하고자 하는 자의 영적 상태에 따라 역사하시기 때문에 결과는 하나님께 맡기고 최선을 다하면 된다. 이제 우리 모두는 돈독에 올라 있는 사채추심사원과 같은 부흥강사를 과감하게 거부하고 쫓아내야 한다.

헌금 일지매를 키우라

　오래전에 TV 프로그램에 도둑이 출연한 적이 있어 깜짝 놀란 적이 있다. SBS의 '주병진 데이트라인'의 사회자가 금주 화제의 인물로 당시 큰 도둑으로 세간을 떠들썩하게 했던 조세형 씨를 초대했던 것이다. 그것도 지식인의 아이콘으로 인정받고 있는 김동길 박사와 함께 출연해서 흥미롭게 시청했던 적이 있었다. 그들과 어깨를 나란히 하고 당당한 자세와 또렷한 어투로 자신의 경험담을 재미있게 털어놓고 있는 조세형 씨는 말 그대로 '도둑' 이상도 이하도 아닌데 어찌 출연했는지 의아하지 않을 수 없었다.

　신문, TV 할 것 없이 온 나라의 톱 뉴스거리 화제의 인물로 떠올랐었던 것은 분명하지만 왜 저 사람이 나왔을까? 그것도 주말 한밤중에 많은 사람들이 시청하는 프로에 말이다. 조세형 씨가 입을 쩝쩝 다시면서 이야기를 술술 풀어나갔다.

그가 한 말 중에 지금까지 기억나는 것이 있다. 자신은 좀도둑과는 차원이 완전히 다르다는 것이다. 비록 도둑이지만 도둑으로서도 지켜야 할 원칙의 철학이 있다는 것이다. 도둑이라고 해서 철학을 갖지 못한다는 법은 없으나 참 독특한 주장이었다. 첫째, 부유한 집만을 대상으로 한다. 둘째, 어떠한 경우에도 사람은 절대로 해치지 않는다. 셋째, 비록 훔친 돈일지라도 가난한 사람을 위해 사용한다. 그러면서 그가 하는 말이 그동안 아녀자는 단 한 명도 해치지 않았다는 것이었다.

비록 지금은 대도가 아닌 좀도둑으로 전락한 그의 행적에 사람들의 뇌리 속에서 사라져가고 있지만 당시 그에게 의적 '일지매'라는 별칭이 붙여졌을 정도로 내심 속 시원하게 생각하는 이들도 있었다. 지하에 있을 일지매가 몹시 기분이 상할 수도 있겠지만 그만큼 부정부패에 관련된 재벌들과 고관대작들로 인해 국민을 실망시키는 사건들이 많이 터졌었기 때문이다.

한국에도 큰 도둑이 참으로 많다. 감옥에서는 이들이 들어오면 죄수들 사이에서 '범털'로 불려진다. 그런데 이들 중에는 당시 도둑이었던 조세형 씨만도 못하다는 빈축의 대상이 되는 자도 상당하다. 부정한 돈을 털어서 가난한 이들에게 나눠줄 수는 없는 노릇인데도 말이다.

하지만 적어도 '일지매'의 정신으로 탐관오리와 같은 모리배들에 의해 실추된 헌금의 명예를 회복시켜나가야 한다. 그래서 성경에서 제시하는 헌금정신으로 돌아가야 한다. 모든 한국교회는 이제부터라도 헌금 단돈 1원이라도 탐관오리들과 같은 자들에게 빼앗기지 않도록 두 눈을 부릅뜨고 지켜내야 한다.

> **마음 창고에 저장해 두는 한마디**
>
> 그래서 성경에서 제시하는 헌금정신으로 돌아가야 한다. 모든 한국교회는 이제부터라도 헌금 단돈 1원이라도 탐관오리들과 같은 자들에게 빼앗기지 않도록 두 눈을 부릅뜨고 지켜내야 한다.

십일조를 구출하라

십일조에 대해서는 두 부류로 나누고 있다. 첫째는 십일조는 구약시대의 율법에 의한 잔재 의식법으로서 더 이상 지켜질 필요가 없다는 주장이다. 또 다른 하나의 주장은 십일조는 선택이 아니라 의무라는 주장이다. 이에 대해서 우선적으로 역사적인 고찰이 필요하다. 성경에서 최초로 언급된 십일조는 아브람이 멜기세덱에게 주는 십일조로서 아브람이 십일조를 드린 이유를 이해할 필요가 있다. (창 14:19~20)

아브람이 조카 롯을 구하기 위해 318명의 훈련된 자를 거느리고 단까지 쫓아가서 그돌라오멜과 함께 한 왕들을 쳐부수고 돌아왔다. 그때 소돔 왕이 나와서 아브람을 영접하였고 지극히 높으신 하나님의 제사장인 살렘 왕 멜기세덱이 떡과 포도주를 가지고 나왔다. 살렘 왕 멜기세덱은 아브람을 축복했고 그 답례로 전쟁에서 얻은 전리품 중 10분의 1을 멜기세덱에 주었다. 이것이 구체적인 반응의 십일조였던 것인데 왜 하필이면 십분의 일인가 하는 문제다. 십분의 이도 될 수 있고 십 분의 절반도 될 수 있는데 십분의 일을 명시한 것은 왜일까 하는 문제는 아브람 당시 고대근동지방의 문화를 참고할 필요가 있다. 십일조는 그때 당시 셈족 이외의 다른 종교나 문화 가운데 흔히 나타나는 오랜 관습으로 알려져 있다.

하지만 무엇보다 가인과 아벨이 하나님께 드린 제사의 의미에서 찾아야 할 것이다. "세월이 지난 후에 가인은 땅의 소산으로 제물을 삼아 여호와께 드렸고 아벨은 자기도 양의 첫 새끼와 그 기름으로 드렸더니 여호와께서 아벨과 그의 제물은 받으셨으나."(창 4:3~4)라는 말씀 속에서 모두가 자신의 제물을 하나님께 바쳤음을 알 수 있다. 이는 후손들에게도 전통적으로 이어져 오늘날에까지 이르게 된 십일조 헌금의 시초임이 분명한 것이다. 문제는 십분의 일이냐 이냐가 중요한 것이 아니라 하나님의 은혜에 대한 솔직한 감사의 고백이 담겨 있는 헌금이냐는 것이다.

신약에서의 십일조에 대해서 살펴볼 필요가 있다. 대표적인 사례로 예수님께서 말씀하신 십일조 성격의 규명이다. "화 있을진저 외식하는 서기관들과 바리새인들이여 너희가 박하와 회향과 근채의 십일조는 드리되 율법의 더 중한 바 정의와 긍휼과 믿음은 버렸도다. 그러나 이것도 행하고 저것도 버리지 말아야 할지니라."(마 23:23)

무엇보다 예수님께서는 십일조에 담긴 의미를 분명히 천명하셨다.

십일조를 하되 어떤 마음으로 드려야 하는지를 명확하게 말씀하신 것이다. 헌금에 들어가야 할 마음의 요소가 정의, 긍휼, 믿음, 이 세 가지가 십일조 정신이다.

인간의 죄성에 대해 끊임없이 고뇌하시며 용서하시는 하나님의 사랑에 대한 불가시적인 응답의 일환으로 물질을 드리는 것이다. 그럼에도 불구하고 아무것도 가진 것이 없다면 마음을 드리는 것 또한 믿음의 반응인 것이다. 하지만 물질이 있음에도 인색하여 내지 않음은 그 자체가 신령과 진정성이 사라진 것이다.

바울의 사역에서 나타난 헌금의 본질은 구약에서 제시한 본질 그대로 계승되고 있다. 바울이 가는 곳마다 교인들은 연보를 통하여 사역을 도왔다. 헌금을 드리려는 마음의 양과 질은 "할 마음만 있으면 있는 대로 받으실 터이요 없는 것은 받지 아니하시리라."(고후 8:12)라는 말씀에 충분히 함의되어 있다.

헌금의 양을 말하는 것이 아니라 헌금을 내는 마음이 중요하다는 말이다. 한마디로 십일조를 내야 하는 의무가 신약성경에 명시되어 있느냐 없느냐가 중요한 것이 아니다. 드리고 싶은 마음이 없는 상태에서 십일조를 낸다면 내더라도 그 의미는 사라져 버리고 그 즉시 제물로서의 효력이 상실되고 말 것이다.

수년 전에 국내 최대 개신교단인 대한예수교장로회 합동총회(헌법전

면개정위원회)가 '전국 노회장 공청회'에서 소득의 10%를 헌금으로 바치는 '십일조' 헌금 문제에 관련해서 내홍을 겪었던 적이 있었다. 십일조 생활을 하지 않는 교인에 대해서는 교인 자격을 정지시킨다는 것이다. 이제 교인이 되려면 반드시 돈을 내야만 되는 것이다. 참으로 기가 막히는 일들이 적법을 가장하여 몰염치하게 저질러지고 있다.

> **• 마음 창고에 저장해 두는 한마디**
>
> 헌금의 양을 말하는 것이 아니라 헌금을 내고자 하는 마음이 중요하다는 의미이다. 한마디로 십일조를 내야 하는 의무가 신약성경에 명시되어 있느냐 없느냐가 중요한 것이 아니라는 말씀이다.

앙탈부리는 헌금 길들이기

　헌금이 말을 고분고분 듣지 않고 생떼를 부리고 고집을 피우며 사납게 굴어 성도들을 피곤하고 지치게 만든다. 돈에는 특유의 고집이 있다. 고집 센 것이 이만 저만이 아니다. 자신이 욕심내는 것은 무엇이든지 쟁취하고야 만다. 그리고 자존심도 무척이나 강하다. 그 어느 누구도 자신 앞에 대항하다가는 큰 코 다침은 물론, 생명까지 잃을 수 있음을 경고한다.

　헌금으로 둔갑한 '돈'은 목사도 장로도 권사도 집사도 모든 교인들을 마음껏 휘어잡는다. 상대방이 자신을 향해 굴복하고 비굴해져야만 성이 찬다. 헌금제도를 바로잡아야 한다. 헌금은 권력을 동반한다. 돈을 많이 바치는 성도에게 헌금이 힘을 몰아주기 때문이다.

　우리 모두 야생마와 같은 헌금을 고분고분 길들여야 한다. 길들여진 야생마가 명마가 되듯이 헌금 안에 있는 엄청난 긍정의 에너지를 분출해 낼 수 있다. 망나니와 같은 헌금으로 인해 속을 썩이는 일이 훨씬 줄어들 것이다. 그러려면 가장 먼저 망나니와 같은 헌금에 족쇄를 채워야 한다. 마음대로 날뛰지 못하도록 헌금의 목에 목줄을 걸고 허튼 곳으로 가지 못하게 해야 한다. 그리고 헌금을 길들여 나가기 위해 조련해야 한다.

돌고래는 생선 한 조각을 얻어먹기 위해 고난도의 훈련을 감내해 낸다. 조련사의 말을 듣지 않으면 굶주림의 고통에 직면해야 되기 때문이다.

오래전부터 미국 서부의 농장주들은 좀처럼 말을 듣지 않는 거칠고 사나운 야생마를 길들이는 방법을 알고 있었다. 먼저 초원으로 나가서 그 야생마보다 작은 당나귀와 함께 묶어 둔다. 그리고는 고삐 없이 풀어 주는 것이다. 어떻게 이 방법으로 가능할까? 처음에는 야생마가 이리저리 뛰어오르면서 힘없는 당나귀를 끌고 다닌다. 그리고 얼마 지나지 않아 무기력한 당나귀를 끌고 지평선 너머로 유유히 사라진다. 그렇게 며칠이 흐르면 자취를 감췄던 야생마와 당나귀가 농장으로 되돌아오게 되는 것을 볼 수 있다. 둘은 여전히 함께 묶여 있지만 그 모습이 이전과는 확연히 다르다. 처음 도망갔을 때와는 달리 당나귀가 앞장을 서고 야생마가 그 뒤를 얌전히 따르며 돌아오는 것이다. 도대체 이 두 짐승들에게 무슨 일이 일어난 것일까? 이 같은 조련 방법은 어느 방목지에서나 동일하게 사용하는 야생마 길들이기 묘술이다.

처음에는 당나귀를 떼어놓기 위해 젖 먹던 힘까지 다 쏟아내며 날뛰던 야생마도 결국은 손을 들고 말게 된다. 절대로 떨어지지 않고 끝까지 매달려 있는 당나귀에게 대항하기를 포기하고 결국엔 지쳐서 얌전해지기 때문이다. 우리 모두는 이같이 원리로 기도하고 인내하면서 야생마 같은 헌금을 길들여 나가야 한다. 헌금문제를 '뜨거운 감자'로 여기며 기피할 것이 아니라 모든 성도가 주도적인 관심을 갖고 관여하여 올바른 헌금이 이뤄지도록 해야 한다.

> **• 마음 창고에 저장해 두는 한마디**
>
> 우리 모두 야생마와 같은 헌금을 고분고분하게 길들여 나가야 한다. 야생마가 길들여지면 명마가 되듯이 헌금 안에 있는 엄청난 긍정의 에너지를 분출해 낼 수 있어야 한다

성도들 헌금 실력 키우기

수년 전 서울 강남구 신사동에 우람하게 서 있는 S교회에서 폭력사태가 벌어졌다. S교회는 필자의 매제가 6년간 부교역자로 사역했던 곳이기도 하지만 워낙 교계나 사회적으로 좋은 일들을 많이 감당해 냈기에 남다른 관심을 가졌던 곳이다.

이북에 국수공장을 설립하고 지속적으로 아낌없는 자선을 은밀하게 행한 것으로 알려졌었다. "오른손이 하는 것을 왼손이 모르게 하라."(마 6:1~4)라는 하나님의 말씀을 준행하기 위해 사진촬영도 삼갔을 만큼 모범적인 교회로 알려졌었다.

한때 '고소영'의 본산지로 지목되어 대통령을 비롯한 장차관을 즐비하게 양산한 곳이기도 하다. 그런 그곳의 당회장 실에서 담임목사와 부목사가 뒤엉켜 치고받고 싸웠다. 담임목사는 눈 주위 뼈가 부러지는 중

상을 입었다. 목회자들이 새해 첫 주일을 능멸했고 하나님의 성전을 더럽혔다. 서로 자신의 행위가 옳다고 주장을 펴며 법정 다툼까지 이어져서 온 세상의 비웃음거리가 되었다. 참으로 세상이 교회를 걱정할 수밖에 없다는 현상을 만방에 전하고 말았다.

S교회는 신도가 무려 7만여 명에 이르고 있는 것으로 알려져 있다. 그런 교회가 전·현직 담임목사의 세력 다툼에 세상 사람들로부터 조롱과 희롱을 당하고 결국은 악의 세력에 농락당하고 만 것이다. 필시 그 악의 중심에 '돈과 권력'이 고여 있었기 때문일 것이다.

S교회 말고도 한국교회에서는 하나님이 보시기에 악한 일들이 끊이지 않고 있다. 목사직을 세습하고, 헌금을 강요하고, 종말론으로 위협하고, 공금을 횡령하고, 신도 머릿수를 세어 교회를 사고파는 곳이 있다. 대형교회의 목사는 고소득이 보장된 특수직이 되었다.

교회가 인맥을 찾아다니고 가진 자의 복을 빌어주는 기득권층의 공간으로 변질되어 버렸다. 교회는 한국 경제처럼 초고속 성장을 했다. 지금 대형 교회는 엎드려 간구하기에는 배가 너무 기름졌다. 기름진살은 또 다른 욕심을 부른다. 하나님 말고 물질의 신인 '맘몬'을 따로 섬기고 있는 셈이다. 물질이 풍족하면 아래를 굽어 살필 수가 없는 것이다.

이제 성도들은 목사의 말에 무조건 '아멘!'으로 화답하지 말아야 한다. 아닌 것은 아니라고 하며 제동을 걸 수가 있어야 한다. 목사의 말이 아닌 하나님의 말씀을 섬겨야 한다. 그러기 위해서는 실력을 갖추어야 한다. 말씀을 몸소 체험하고 기도의 능력을 받아 영 분별능력을 키워나가야 한다.

예수께서는 "지극히 작은 자 하나에게 한 것이 곧 내게 한 것이니라 하시고."(마 25:40)라고 말씀하셨다. 가난한 마음만이 세상을 바꿀 수 있다. 예수께서 어떤 기도에 응답하실지 헤아려야 할 것이다. 이 땅의 욕심을 그대로 지닌 채 복만을 받겠다고 덤벼드는 신도들도 결국 '헌금 도둑'인 것이다.

"네 재물과 네 소산물의 처음 익은 열매로 여호와를 공경하라."(잠 3:9)

과연, 하나님은 우리들의 물질을 바치는 것을 원하시는가? 천지만물이 그로부터 나왔고 하나님의 것이 아닌 것이 하나도 없는데 왜? 어째서 우리들이 취득한 것을 그토록 집요하게 원하시는가? 과연 하나님은 늘 허기지도록 배가 고프신가?

그렇지 않다. 하나님께서는 인간의 자유의지 속에 간악하고 사악하고 추악한 탐욕이 얼마나 집요하게 작동하고 있는가를 너무나 잘 아신다. 또한 하나님은 우리의 시선이 탐심으로부터 한시도 고정되어 있지 않으면 안 된다는 흉악한 본질을 익히 알고 계시다. 그래서 물질에 초연해 서로 나누며 살아야 함을 실천토록 하시는 것이다. 성도들의 생각과 마음과 정신의 뿌리인 영혼으로부터 샘솟는 신령과 진정의 헌금을 원하시는 것이다. 따라서 영혼으로부터 출발하지 않은 모든 봉헌물은 하나님의 사랑을 탐욕으로 사들이려는 뇌물에 불과한 것이다.

> **• 마음 창고에 저장해 두는 한마디**
>
> 하나님은 성도들의 생각과 마음과 정신의 뿌리인 영혼으로부터 샘솟는 신령과 진정의 헌금을 원하시는 것이다. 따라서 영혼으로부터 출발하지 않은 모든 봉헌물은 하나님의 사랑을 탐욕으로 사들이려는 뇌물에 불과한 것이다.

헌금이 망해야 교회가 흥한다

목회자는 소속교인들이 헌금을 바쳐야 한다고 생각하고 있다. 그런데 교인들은 헌금을 내려는 마음이 선뜻 내키지 않기 때문에 갈등한다. 가뜩이나 각박한 세상살이에서 쉼을 얻으려고 교회를 찾지만 결국 헌금이 기다리고 있다.

헌금이 신출귀몰한 수단과 방법으로 가난한 성도들의 주머니를 이삭 털 듯 해대고 있다. 그리고 부자교인에게는 교회 감투로 유혹하고 있다. 일 년 열두 달 모든 예배의 중심에 헌금이 기다리고 있다. 교회부흥의 역할을 대형교회가 주도하면서 모일 때마다 헌금이 주인공으로 등장하기 시작했다.

성도들의 주머니를 털어낸 돈으로 교회를 아방궁처럼 꾸미고 치장하는 교회가 있다. 천막을 치고 바람이 숭숭 부는 가운데 가마니를 깔고 눈물을 흘리던 영성은 온데간데없다. 호텔을 방불케 하는 대리석 치장과 네온사인과 오케스트라에 버금가는 찬양대는 소리만 요란하지 영감이 사라져버린 지 이미 오래다. 설교자는 세상 연예인 뺨치는 의상과 분장으로 교회의 스타가 되어 있다. 이 모든 배후에서 헌금이 조종하고 있다.

탈선한 목사가 도박을 하고 유부녀와 대낮에 통간을 하고 저녁에는 나이트클럽에서 춤을 추며 술을 즐기고 있다. 낮에는 강단의 황제요 밤에는 무대의 황제로 군림한다. 재벌 2세에게 자리를 물려주듯 세습하는 대형교회가 점점 늘어만 가고 있다. 말세지말의 극치를 달리고 있는 이들의 심판 날은 분명코 어김없이 닥칠 것이다.

이제 잘못 드린 헌금을 망하게 해야만 한다. 그래서 목사의 잘못된 가르침이 망하고 교회를 흥하게 해야만 한다. 역사적으로 교회가 돈이 없어 사라진 전례는 없다. 로마가 망한 것도 돈이 없어서 망한 것이 아니라 사치와 향락으로 인해 멸망당한 것이다. 한국교회는 오히려 경제적으로 가난했을 때 놀라울 정도의 영적 부흥 성장을 가져왔다.

타락된 헌금이 많이 모여들면 작당이 이뤄진다. 세속적인 교단이 세워져 온갖 정치꾼들이 모여들어 계파 정치가 판을 치고 노회가 요동을 친다. 가난한 교회의 목사의 호주머니도 가차없이 털어내는 것이 교단이다. 시찰회비, 노회회비, 총동원주일헌금, 총회관 건립헌금 등등 이루 말할 수 없는 명목을 붙여대며 수탈해 가고 있다. 목사 안수식부터 소비되는 돈은 지칠 줄 모르고 지속적으로 호주머니의 목줄을 잡고 늘어지고 있다. 세상으로부터 이리저리 발로 채이듯 조롱당하고 희롱당하고 농락당하도록 배후 작용을 하는 범인이 바로 교회 헌금이다.

　서울역 인근에는 종파와 교단을 초월하여 소외된 계층을 향해 좋은 일을 하는 분들이 있다. 하지만 노숙인들을 위한답시고 가뜩이나 죽지 못해 하루하루 근근이 살아가는 이들을 대상으로 사리사욕의 배를 채우는 악덕 사역자도 있는 것이 현실이다. 몇 해 전에도 다단계, 바지사장, 대포차, 대포폰 등으로 억울한 사람들의 피눈물로 탐욕을 채우다 발각되어 곧장 쇠고랑을 차고 철창 신세가 된 목회자도 있다. 이제 헌금을 함부로 내서는 안 된다. 구제를 위한 후원비 역시 신중하게 지출되어야 한다. 그래서 성경말씀에 입각하지 못한 헌금은 망하게 해야 한다. 그래야 죽었던 교회가 다시 살아날 수 있을 것이다.

> **• 마음 창고에 저장해 두는 한마디**
>
> 이제 잘못 드린 헌금을 망하게 해야만 한다. 그래서 목사의 잘못된 가르침이 망하고 교회를 흥하게 해야만 한다. 역사적으로 교회가 돈이 없어 사라진 전례는 없다. 오히려 돈이 없을 때 놀라울 정도의 영적 부흥성장을 가져 왔다.

헌금에 투명한 옷을 입혀라

수년 전 '사회 기부금'에 대한 투명성과 관련해서 시행한 여론조사결과가 발표된 적이 있었다. 유한킴벌리 후원으로 매년 발표하는 기부지수 '한국리빙인덱스'를 분석하는 과정에서 2003~2009년 기간 동안 조사된 내용을 분석한 결과 기부 동기로 투명성이 가장 높았다.

2010년 7월에서 8월 사이 한국리서치에 의뢰하여 만 19세 이상 성인 남녀 1,035명에 대해 면접조사를 한 것이다. 이때 경조사비나 종교 기부를 제외하고 순수기부만을 대상으로 했다. 2009년도 국민 1인당 기부액은 17만 3,200원으로 2003년도에 비해 무려 3배가량 증가된 것으로 통계조사 되었다. 기부자들의 기부 동기를 알아보는 과정에서 응답자의 84.5%가 기부하기 전에 '투명성'을 제일 많이 고려하는 것으로 나타났다.

또한 2013년 12월에 글로벌리서치에서 전국 19세 이상 남녀 1천 명을 대상으로 조사한 결과 한국교회의 사회적 신뢰도는 고작 19.4%에 그쳤다. 그리고 교회의 불신을 제거하는 데 개선되어야 할 중요한 분야가 바로 교회재정임을 지적하였다.

지금까지 한국사회의 구석구석의 비리가 부정부패로 고착화되어 왔던 가장 큰 이유는 투명성이 확보되지 못했었다는 것이다.

한국교회 재정운영의 가장 큰 문제점으로 지적되는 것이 바로 투명하지 못하다는 사실이다. 헌금은 그리스도로부터 명령을 받은 교회의 활동을 위하여 절대로 필요하며 헌금에 대한 영육 간의 축복도 무시할 수 없다. 그러나 성경의 명령대로 자발적으로 자기 형편에 따라 헌금해야 하고 교회 앞에서 그 수입과 지출은 물론 일련의 과정을 소상하게 결산보고해야만 한다. 헌금에 대한 수취와 집행과정이 낱낱이 교인들에게 공개될 때 헌금에 대한 신뢰가 증진된다.

교회의 재정을 명확하게 보고하지 못하고 있는 대부분의 교회들은 효율성이 떨어지기 때문에 헌금 내역을 밝힐 수 없다고 할 수 있다. 이는 변명에 불과한 것이다. 혹여, 모든 교인들에게 재정보고를 하는 것이 번거로울 수도 있을 것이다. 그리고 이러저러한 '말들'로 인해 분란이 생길 수도 있지만 교회는 기업이 아니다. 기업과 같이 신속성이나 효율성을 우선하는 것이 아니기에 시간이 걸리더라도 바르고 정직한 목적에 걸맞게 수단과 방법도 부응되어야 한다.

오늘날 한국교회가 투명성을 상실하고 있는 이유를 세 가지 정도로 요약할 수 있다. 첫 번째 이유로서 '교회재정운영에 대한 신학적 인식'이 명확히 정립되어 있지 않다. 헌금은 수취에서부터 집행에 이르기까지 담임목회자 중심으로 이뤄진다. 이것은 너무나 잘못된 인식이다. 성경은 철저히 하나님 중심으로 한 점 부끄러움 없이 이뤄져야 함을 강조하고 있다.

두 번째로 목회자의 임의적 헌금 관리에 문제가 심각하다. 헌금의 액수의 적고 많음을 떠나 시종 일관되게 공개되어야 한다. 오늘날 한국교회의 약 70%가 재정적으로 완전한 자립이 이뤄지지 않고 있는 것으로 나타나고 있다. 이로 인해 교회시설의 유지는 물론이거니와 사역자들의 사례비가 현실적으로 보장될 수 없을 정도로 교회 운영에 어려움을 겪고 있다. 그러나 재정의 수입과 지출을 기록해 나가는 기장제도를 확립해 나가야 한다. 이제 교회도 세무신고를 해야 하기 때문에 더더욱 근거를 명확히 기록해 나가야 한다.

마지막으로 헌금재정의 목적성이 상실되어 있다. 헌금은 반드시 선교목적과 이웃사랑의 실천을 위하는 데 사용돼야 한다. 헌금이 불필요한 데 사용된다면 헌금을 악용하는 것이요, 하나님의 것을 탈취하는 것과 같다. 무엇보다 목회자의 사리사욕을 채우는 데 헌금이 사용되어서는 안 되며 불필요한 곳에 낭비되어서도 안 된다. 건축비에 집중 투자하거나 선교라는 미명하에 불필요한 교회행사에 비용이 소비될 때 교인들은 교회헌금을 내는 데 회의감이 들지 않을 수 없다.

필자가 한때 몸담고 있었던 교회에서 장로 한 분이 헌금을 도맡아 관리한 적이 있었다. 그런데 이분이 자신의 사업자금이 어려움에 처하자 아무도 모르게 교회의 헌금으로 자금을 회전시킨 적이 있었다. 이 사실이 교인들에게 인지되어 발칵 뒤집혀 세상법정에까지 갈 위기에 있었지만 헌금을 채워 놓고 사죄하는 바람에 겨우 진정시킬 수 있었다. 이 같은 행위는 세상적으로도 범죄행위지만 하나님 앞에 아나니아와 삽비라와 같은 죄악을 저지르게 되는 것이다.

교회는 투명성 제고를 위해 헌금위원회를 조직하고 내실화하여야 한다. 그리고 형식적이고 수동적인 직분으로 감당하도록 할 것이 아니라 가장 귀한 직분의 하나로 여기도록 하는 인식의 전환이 요구된다. 단순하게 헌금봉투를 걷어 예배 인도자에게 전달해주는 배달꾼이 아니라 예배에 참여하는 온 회중의 신앙의 결정체를 담아 하나님의 제단에 바친다는 사명의 자부심을 갖게 해야 한다.

헌금위원회원들에 대해서는 선발기준을 엄격히 하여 지속적인 교육과 함께 영성 강화 훈련을 병행시켜 나아가야 한다. 이렇게 될 때 교회에는 덕이 되는 조직이요, 성도들 입장에서는 영광의 은혜를 한층 체험하는 귀한 직분으로 자리매김할 것이다.

- **마음 창고에 저장해 두는 한마디**

  헌금에 대한 수취와 집행과정이 낱낱이 교인들에게 공개될 때 헌금에 대한 신뢰도는 한층 더 올라가는 것이다.

헌금의 발목에 착고를 채우라

"한국교회는 너무 많은 것을 가짐으로써 가난한 심령을 도둑맞았습니다." 미국 워싱턴 DC에 갔을 때 한 장로님이 필자에게 한 말이다. 40년간 이민 생활을 해 오면서 이루 말할 수 없는 고난의 세월을 견디어 온 장로님이다. 해외에 나가면 모두가 애국자가 된다는 말처럼 고국의 교회를 위해 눈물로 기도해 오시는 분들이 의외로 많다는 것이다. 엄청난 부흥을 목도하면서 불안을 느끼지 않을 수 없음은 유럽 교회의 타락 코스를 한국 교회가 여지없이 밟아 나가고 있는 조짐들이 여기저기서 나타나고 있기 때문이라는 것이다.

성경은 마음이 가난한 사람에게 복이 주어진다고 했다. 그 복이 지상에서 누릴 수 있는 천국이라 했다. 그런데 가난한 마음을 도둑맞았으니 보통 일이 아니다. 지난날 민중의 고난 속으로 들어가 약자들을 섬겼던 건강한 한국교회가 이제는 비만으로 뒤뚱거리고 있다. 찬양은 우렁차고 제단은 기름졌고 의식은 눈부시지만 목회자와 교인들 마음에 온갖 질병을 안겨다 주는 원흉이 바로 잘못된 헌금이다.

그래서 교회의 자만심은 천정부지로 자꾸 높아만 가고 있으며 심령의 밭이 메말라 사막화 되어 가고 있다. 그렇다면 누가 가난을 훔쳐 갔을까. 바로 가난을 훔쳐 간 주범이 헌금 아닌가? 헌금이 더 이상 날뛰지 않도록 단속해야 한다. 헌금의 발목에 착고를 채우지 않으면 안 된다.

지난 2015년 2월에 문을 연 '장발장은행'이 화재를 불러 모은 적이 있다. 은행의 홈페이지에 올라와 있는 설립목적은 아주 단순하다. "장발장들만이 빌릴 수 있는 장발장은행입니다."라고 명시되어 있다. 장발장은행은 벌금형을 선고받고도 낼 돈이 없어 감옥에 갈 수밖에 없는 사람들을 구제해 주기 위해 설립된 은행이다. 2009년도 기준 가벼운 생계형 벌금형으로 인해 감옥에 가는 사람이 4만여 명이 넘어섰고, 이제 그 추세는 갈수록 점점 더 증가하고 있는 것으로 나타나 있다.

생계 곤란과 소년소녀가장, 미성년자, 기초생활 수급자에게 혜택이 주어지고 있다. 대출심사도 단순하다. 대출심사위원회를 통해 심사가 통과하면 최대 300만 원까지 차용할 수 있는데 6개월 거치 1년간 균등 상환해야 한다. 2015년도에 문을 열어 지금까지 47명에게 9천여만 원을 대출해 주었다는데, 449명의 개인과 기관과 단체가 후원금을 마련해 오고 있다. 염수정 추기경은 "장발장은행은 가난한 사람들에게 희망을 주는 일이며 성경에 나오는 과부의 두렙돈처럼 귀한 사마리아인의 도움인 것을 알려주고자 함."이라 했다.

극빈으로 인한 굶주림의 고통 속에 신음하는 조카들을 위해 빵 한 조각을 훔친 죄로 징역 5년을 선고받은 장발장, 그는 툴롱의 감옥에서 4차례 탈옥을 시도한다. 결국 19년이라는 긴 세월을 감옥에서 보내면서 쌓인 분노와 증오는 한 신부님의 사랑으로 소멸된다. 무서운 폭발력을 지닌 산소와 수소가 합쳐져서 물이 되듯 분노와 증오는 생명을 살리는 에너지로 변화된다. 레미제라블의 소설내용은 잘 알려진 대로 정부 고관대작과 귀족들과 가진 자들의 부정과 부패를 고발하고 있는 동시에 교회가 나아갈 바를 제시해 주고 있다.

오늘날 자신들이 생존하기 위한 수단으로 헌금을 유린하고 있는 교회들이 점점 늘고 있다. 장발장은행은 사명을 외면하고 있는 교회들에게 자본주의의 양극체제를 교회가 어떻게 극복해 나가야 하는가에 대한 작은 모델이 되고 있다.

하루하루 죽지 못해 삶을 이어가는 이들이 의외로 우리 주변에 너무나 많다. 필자가 무료급식을 운영해 온 지가 6년이 다 되어간다. 특히, 새벽에 굶주린 배를 채우기 위해 긴 줄을 서서 기다리는 이들이 점점 많아지고 있다. 우선 배고픔을 채우기 위해 오는 자들이기에 영적인 배고픔까지 채워가게 한다는 것이 결코 쉬운 일은 아니지만 주어진 일에 최선을 다하고 있다.

오늘날 한국교회 헌금이 고아와 과부와 나그네와 같은 불우한 이웃과 소외된 취약계층을 대상으로 구제하는 데 소홀히 하고 있다. 필자가 계룡대의 육본에 근무할 때 석사논문 『한국교회 복지사업의 발전 방향에 관한 연구』를 작성하기 위해 육군, 해군, 공군장병들이 다니는 본부교회의 헌금을 대상으로 실태조사를 한 바 있었다. 당시 전체 교인이 낸 헌금의 2.7%만이 구제사업에 사용된 것으로 조사되었다. 이 같은 현상은 일반 교회 역시 매한가지다.

2008년도에 건강한 교회재정 확립 네트워크에서 교회의 구제사업에 관하여 조사한 것을 공표한 바가 있었다. 발표자 중 한 사람은 이렇게 말했다. "개신교회가 한국 사회의 전체 사회복지기금의 70%나 담당하고 있으면서도 시민으로부터 외면당하고 있는 이유가 있다. 교회가 제공하는 사회복지비가 교회 전체 재정에 비하면 껌 값에 지나지 않는다는 것을 그들이 알고 있기 때문이다." 헌금사용의 현 실태를 한마디로 표현한 것이다.

헌금을 바치는 이들의 공통점은 자기가 바치는 돈이 소중하게 쓰이기를 바라고 있다. 헌금이 이리저리 끌려다니며 린치를 당하듯 온 세상 사람들로부터 뭇매를 당하는 것을 원치 않는다. 더 이상 헌금이 끌려다니지 않도록 헌금의 발목에 착고를 채우는 일이 시급하다. 그것은 이제부터라도 헌금을 감시 감독하는 일을 제도적으로 정립하는 것이다.

마음 창고에 저장해 두는 한마디

오늘날 자신들이 생존하기 위한 수단으로 헌금을 유린하고 있는 교회들이 점점 늘고 있다. 장발장은행은 사명을 외면하고 있는 교회들에게 자본주의의 양극체제를 교회가 어떻게 극복해 나가야 하는가에 대한 작은 모델이 되고 있다.

잃어버린 헌금 주인 찾기

수년 전 서울 동대문구 신설동 최 모(61세) 씨가 운영하는 구멍가게에 들어간 이 모(29세) 씨가 붙잡혔다. 사흘을 굶은 나머지 길에서 줍게 된 드라이버를 이용해 소형금고 속에 있던 동전을 훔치게 되었다. 청년이 동네 구멍가게에 들어가 현금 1,820원을 훔친 혐의로 특수절도라는 죄명에 의해 구속영장이 청구된 사실이 언론에 보도된 것이다.

그 청년은 사흘 동안 아무것도 못 먹었던 것으로 알려졌다. 너무 배가 고파 허름한 구멍가게 지붕을 뚫고 들어가자마자 주민신고로 경찰이 출동했고 그 자리에서 붙잡혔다. 그 청년은 당황한 나머지 빵을 집어 먹을 생각도 못한 상태에서 금전출납기에서 1,820원을 집어 들고 나온 것이 전부였다는 것이다.

이 청년은 고등학교를 졸업한 후 자동차 정비사 자격증을 땄다. 그리고 군 복무도 마치고 나와서 지방에 있는 카센터에 취직했다. 그러나 월급을 제대로 받지 못할 때가 더 많았다고 한다. 그래서 하는 수 없이 서울로 상경하여 막노동판을 전전했지만 허약한 몸이 따라 주지 않아 결국 노숙인으로 전락하고 말았다. 배가 고팠지만 참고 참은 끝에 어쩔 수 없이 도둑질을 하게 된 것이다. 경찰관이 가져다준 2,000원짜리 도시락을 허겁지겁 먹어대는 모습을 본 그에게 죄를 묻기에는 너무 잔인했다. 그래서 정상이 참작되어 그냥 풀려 난 사연이 많은 이들의 심금을 울렸다.

굶주린 사람이 수중에 돈 한 푼 없을 때는 둘 중에 하나를 택할 수밖에 없다. 구걸을 하든지 도둑질을 하든지 둘 중 하나를 택하는 것이다. 세상에는 이런 상황에 처한 사람이 한둘이 아닐 것이다.

4세기 교부 암부로시우스 감독은 교회의 사명을 이렇게 서술하였다. "교회재정은 가난한 자들을 돕는 데 써야 한다. 그러나 봉급을 지불하는데 교회재정의 대부분을 사용함으로써 밀라노 감독의 교훈을 무시했고 또 우리 주님의 교훈과 사도들의 전통을 저버렸다."

주위에 너무나 많은 사람들의 육신과 영혼이 굶주려 있는데, 헌금이 엉뚱한 곳에서 길을 잃고 헤매고 있다. 바로 이들에게 가야 할 헌금의 자리를 되찾아야 한다.

필자는 무료급식을 시행하는 과정에서 처음에는 100% 자비량으로 운영하다가 이제 몇몇 후원자가 나타나 85% 정도를 부담해 나가고 있다. 새벽 4시에 일어나 전날부터 준비하던 반찬과 국과 밥을 제공한다. 5시 30분이 넘으면 벌써부터 바깥에 줄이 길게 늘어져 있다. 만약 이들이 먹는 문제가 해결이 안 된다면 우리 사회는 심각해진다. 둘 중 하나를 택할 것이기 때문이다. 굶어 죽을 것인가, 감옥에 들어갈 것인가. 사회안전망 구축 차원에서도 이들에게 급식을 제공하는 것은 매우 중요한 일이다. 자비량이라고 하지만 실상은 하나님께서 지원해 주시는 것이다. 이제 교회헌금이 가난한 이웃들을 구제하는 데 사용되어야 한다.

> **• 마음 창고에 저장해 두는 한마디**
>
> 주위에 너무나 많은 사람들의 육신과 영혼이 굶주려 있는데 헌금이 엉뚱한 곳에서 길을 잃고 헤매고 있다. 바로 이들에게 가야 할 헌금의 제자리를 되찾아줘야 한다.

헌금 혁명, 누가 일으킬 것인가?

헌금을 도둑질한 목사에게 재판관이 이렇게 말했다. "인간의 법정에서는 이 선고로 끝나지만 양심과 신의 법정에서는 반드시 심판받을 날이 있을 것입니다." 얼마 전 있었던 2심 판결 법정에서 주심판사가 선고 주문과 함께 읽어내려 간 판결문의 일부 내용이다.

카지노에서 성도들의 피땀 묻은 헌금 수십억 원을 도박으로 탕진했던 P 목사는 주일에도 도박장에서 살았던 것으로 밝혀졌다. 1심보다 무겁게 징역 4년 9개월을 선고한 판사의 준엄한 얼굴에서 참담함이 배어 나왔다. 자신의 전처 자식을 후처와 함께 무자비하게 때려죽인 목사도 대서특필 되었다. 대형교회를 자식에게 대물림해 주는 세습은 이제 상식처럼 되어 버리고 말았다.

이 모든 책임이 누구에게 있는가? 바로 '헌금'이다. 헌금을 내는 성도들에게도 책임이 있다. 영혼으로 드리지 않는 모든 헌금은 반드시 망하게 되어 있다. 열매는 뿌린 씨앗대로 맺게 된다는 것은 만고불변의 진리다. 영혼이 없는 헌금은 결국 저주와 재앙의 열매를 맺기 때문이다. 그리고 하나님께서는 받아들일 가치가 있는 헌금만을 받아들이신다. 따라서 예배에서 영혼으로 드리는 헌금은 반드시 축복의 열매를 맺게 되어 있다. 무조건 헌금을 내야 복 받는다는 사기 광고에 더 이상 끌려다녀서는 안 된다.

성경에서 말씀하고 있는 '성경적 헌금'을 지켜내야 한다. 오만 가지의 명목으로 헌금을 뜯어내는 무리들로부터 헌금을 수호해 내야만 한다. 교회는 건물이 결코 아니다. 성도가 곧 교회이다. 그릇된 목회자와 사역자와 사악한 삯꾼들이 교회를 더럽히는 것을 방관해서는 안 된다. 성도들은 하나님의 거룩한 교회를 더럽히고 손상시키는 음녀 이세벨과 같은 삯꾼들을 정정당당하게 대항하며 물리쳐야 한다.

하나님의 종이라는 거룩한 모양의 탈을 쓰고 물신이 가득한 음녀의 행음을 일삼는 이세벨과 같은 삯꾼들과 싸워야 한다. 또한 모압왕 발락으로부터 뇌물을 받고 이스라엘을 저주하기를 당부 받은 점술가 발람과 같은 사역자들을 색출하여 공개하고 추방해야 한다. "발람이 발락을 가르쳐 이스라엘 자손 앞에 걸림돌을 놓아 우상의 제물을 먹게 하였고 또 행음하게 하였느니라."(계 2:14)

한국교회 성도 모두는 130여 년 기독교 역사에서 맘몬으로 변질된 헌금을 바로잡아 나가야 할 사명이 있다. 근검절약의 청빈한 삶을 추구하고 오직 성경말씀을 붙잡고 순종하며 살아가기 위한 눈물을 흘리며 몸부림치는 신실한 종을 구해야 한다. 청렴결백한 사무엘을 통해 이스라엘을 구한 것처럼 신실한 하나님의 종들이 한국교회를 이끌어 갈 수 있는 풍토를 만들어 가야 한다.

세상의 유혹과 핍박에 굴하여 모두가 "예" 할 때 목숨을 걸고 "아니오!"라고 말할 수 있는 성직자에게 교회를 맡겨야 한다. 비성경적 진리의 철옹성을 쌓고 희희낙락하며 거룩한 성전을 '강도의 굴혈'로 만들고 있는 자들을 색출해 내야 한다. 이와 같은 일의 첫걸음이 바로 교회개혁을 위한 '헌금혁명운동'이다.

이제 더 이상 헌금이 몸 파는 창기처럼 이리 저리 굴려 다니게 해서는 안 된다. 한 푼의 돈이라 할지라도 하나님의 선하신 일에 사용되도록 기도하며 드려야 한다. 그리고 그 헌금이 올바른 곳에 사용되는지를 감시 감독해야 할 책무가 성도들에게 있다.

> **● 마음 창고에 저장해 두는 한마디**
> 청렴결백한 사무엘을 통해 이스라엘을 구한 것처럼 신실한 하나님의 종들이 한국교회를 이끌어 갈 수 있는 풍토를 만들어 가야 한다.

제5장

그 동네에 죄를 지은 한 여자가 있어
예수께서 바리새인의 집에 앉아 계심을 알고
향유 담은 옥합을 가지고 와서 예수의 뒤로 그 발 곁에 서서 울며
눈물로 그 발을 적시고 자기 머리털로 닦고
그 발에 입 맞추고 향유를 부으니

• 누가복음 7:37~38 •

헌금 속에 숨겨진 하나님의 비밀

이탈리아 화가 죠반니 마삿치오가 그린 벽화 '낙원에서의 추방'이라는 작품이 있다. 그림을 세심히 들여다보면 분노와 증오로 이글거리는 아담의 일그러진 얼굴을 쉽게 발견해 낼 수 있다. 뱀으로 가장한 사탄에게 철저하게 속아 넘어가고 말았다는 천추의 한이 얼굴에 드리워져 있다. 언젠가는 반드시 복수하고야 말겠다는 노기의 얼굴 모습에는 모든 것을 다 가지고 있다가 모든 것을 한꺼번에 잃고 만 자의 허탈함과 비통함이 서려있다.

하나님께서 아담과 하와를 낙원에서 쫓아내시면서 내린 벌이 바로 '돈'이다. 이마에 땀을 흘리고 수고하는 애씀의 숙명적 삶(창 3:19)을 살아가노라면 '돈이 원수'라는 의미를 깨닫게 된다. 돈은 가시적인 살과 피로 된 육신뿐만 아니라 영혼을 유지시켜 나가는 데 절대적인 역할을 하고 있다.

에덴동산에서는 '돈'이 필요 없었다. 그리고 제물을 드려야 하는 제사 역시 필요 없었다. 죄가 없어 항상 하나님과 함께 거하였기 때문이다. 그러나 추방된 이후 자급자족을 해야만 먹고 살 수 있게 되었고 결국 오늘날 화폐인 '돈'이 필요하게 된 것이다.

그리스도인이란 살아생전 사죄의 체험과 사후 영생의 구원을 믿는 사람을 말한다. 눈에 보이지 않았던 하나님이 보이는 하나님으로 오신 분이 바로 예수그리스도이다. 인간으로 오신 목적은 인간 각자의 원죄와 자범죄를 대속하기 위해서다. 당초 목적대로 아무런 죄가 없이 십자가에서 죽으셨고 삼일 만에 죽은 자 가운데서 다시 부활하셨다. 우리 각자도 예수님처럼 죽어도 다시 부활한다는 것을 믿고 살아가는 것이 신앙이다. 이 땅에 살아가면서 '돈'의 노예에서 해방될 수 있는 유일한 길이 있다면 그것은 바로 예수그리스도의 가르침대로 살아가는 것이다.

왜냐면 "그러므로 염려하며 이르기를 무엇을 먹을까 무엇을 마실까 무엇을 입을까 하지 말라."(마 6:31)라고 하셨고 또한, "그런즉 너희는 먼저 그의 나라와 그의 의를 구하라 그리하면 이 모든 것을 너희에게 더하시리라."(마 6:33)라고 분명히 말씀하셨기 때문이다.

나는 지금까지 사역하면서 이 말씀을 믿고 따랐다. 때로는 더디기는 했지만 반드시 '돈'을 필요한 만큼 해결해 주셨다.

하나님께서는 말씀에 순종한 엘리야에게 사람이 아닌 까마귀를 통해서도 떡과 고기를 전해주시기까지 하셨다. "까마귀들이 아침에도 떡과 고기를, 저녁에도 떡과 고기를 가져왔고 그가 시냇물을 마셨으나."
(왕상 17:6)

성경은 소설이 아니다. 성경 안에는 우주만물 삼라만상 인류의 과거 현재 미래가 담겨 있다. 어제나 오늘이나 내일이나 동일하신 하나님 말씀을 믿고 따르는 것이 신앙이다. 지금까지 서울역 노숙인 사역을 하는 가운데 본질적으로 엘리야에게 임한 하나님의 역사를 너무나 많이 체험했다. 일일이 열거할 수 없을 정도이다.

지금껏 사역에 최선을 다해 왔다. 정부의 어떤 도움도 전혀 없었지만 사단법인 '살맛나는 공동체'는 그때그때 하나님께서 물질을 채워주셨기에 지금까지 올 수 있었다.

성경에서 요구되는 헌금의 의미에는 어마어마한 하나님의 신묘막측한 섭리와 경륜이 담겨 있다. 거듭 역설하지만 '돈'을 노예로 삼기 위한 유일한 길이 있다면 그 길은 예수님을 통해 하나님의 나라와 의를 구하며 살아가기 위해 매 순간순간 최선의 노력을 다해 가는 것뿐이다. 그럼에도 만일 하나님께서 '돈'을 주시지 않을 때는 돈으로 살 수 없는 영혼의 평안함을 주실 것이 확실하다.

• **마음 창고에 저장해 두는 한마디**

이 땅에 살아가면서 '돈'의 노예에서 해방될 수 있는 유일한 길이 있다면 그것은 바로 예수그리스도께 달려가는 것이다. 왜냐하면 "염려하며 이르기를 너희는 무엇을 먹을까 무엇을 마실까 무엇을 입을까 하지 말라."(마 6:31)라고 하셨고 또한, "그런즉 너희는 먼저 그의 나라와 그의 의를 구하라 그리하면 이 모든 것을 너희에게 더하시리라."(마 6:33)라고 분명히 말씀하셨기 때문이다.

한숨과 눈물에 젖은 헌금

전도사 때 있었던 일이다. 오산리 기도원에 작정기도를 하기 위해 간 적이 있었다. 오산리 기도원에 갈 때는 각자 본인의 이불을 가지고 가야 된다는 것을 알지 못했다. 저녁이 되어 나는 덮을 이불이 없었다. 늦가을이라 추웠다. 추위에 뒤척이며 자던 중에 온기를 느끼게 되어 눈을 떠보니 내 몸에 이불이 덮여 있었다. 추워 쪼그려 자는 내 모습을 옆에서 보던 어느 집사님 한 분이 이불을 덮어주셨던 것이다.

그 일로 인하여 나는 그분과 대화를 나누게 되었고 예배를 드리고 잠을 잘 때마다 자연스럽게 늘 붙어 다니게 되었다.

이틀째 되던 날 화장실을 가는데 갑자기 그 집사님께 삼만 원을 드리고 싶은 마음이 생겼다. 그때 나는 현금 삼만 몇천 원이 전부였다. 삼만 원을 주고 나면 내겐 남는 돈이 단 몇천 원뿐이었다. 그래도 내게 이불을 덮어준 것에 대한 감사한 마음에 돈을 전달하지 않을 수 없었다. 결국 작정기도가 끝나는 날 그 집사님께 삼만 원을 드렸다. "집사님, 적은 돈이지만 자꾸 이 돈을 집사님께 드려야겠다는 마음이 들어서 드리는 것이니 받아 주세요."라고 하며 그 돈을 드렸더니 집사님은 두어 번 거절하시다가 돈을 받으시고는 놀라운 사실을 말했다.

집사님은 속을 너무 썩이는 아들 때문에 3일 금식기도를 하러 왔지만, 과부의 두 렙돈 설교를 듣고 난 뒤 가지고 있는 돈을 몽땅 하나님께 드렸다는 것이었다. 순간 나는 첫날 설교내용이 떠올랐다. 가지고 있던 전 재산 두 렙돈을 하나님께 바친 과부에 관한 말씀이었다. 하나님의 은혜에 감사하여 가진 것을 다 바치는 자는 반드시 복을 누린다는 설교였었다.

집사님은 작정대로 3일 금식은 끝냈지만 죽 하나 사 먹을 돈이 없어 어쩔 수 없이 계속 금식 아닌 금식을 하고 있었던 것이다. 그날이 5일째 금식 중이었다는 것이었다.

그 말을 들은 나는 얼마나 마음이 찡해왔는지 모른다. 또한 하나님께서 나에게 그 마음을 주신 것이었구나 생각하니 아주 작은 것 하나하나 하나님께 영광을 돌리지 않을 수가 없었다. 집사님의 중심과 고통을 아신 하나님께서 나에게 이불을 덮어 주신 집사님이 죽을 사서 드실 수 있도록 내 마음을 움직여 주신 것이었다. 만사가 하나님의 보살핌 속에 움직여 간다는 것을 다시 한번 확인할 수 있는 체험이었다.

설령 부흥강사가 헌금을 많이 내도록 유도하기 위하여 복 받는다는 설교를 했다 할지라도 그것을 하나님의 말씀으로 듣고 믿음으로 행한 최 집사님, 자식을 위하여 금식기도하며 가진 모든 것을 바치고 죽 사 먹을 돈이 없어 계속 금식할 수밖에 없었던 그 집사님의 헌금이야말로 한숨과 눈물이 밴 헌금이 아닐 수 없다.

> **마음 창고에 저장해 두는 한마디**
>
> 설령 부흥강사가 헌금을 많이 내도록 하기 위하여 복 받는다는 설교를 했다 할지라도 그것을 하나님의 말씀으로 듣고 믿음으로 행한 최 집사님! 자식을 위하여 금식기도하며 가진 모든 것을 바치고 죽 사 먹을 돈이 없어 계속 금식할 수밖에 없었던 그 집사님의 헌금이야말로 한숨과 눈물이 밴 헌금이 아닐 수 없다.

암 환자의 감사 헌금

얼마 전에 극동방송의 '우리 교회 좋은 교회'에 출연하여 공개적으로 언급한 내용이다. 지금부터 하는 이야기는 나의 신앙에 충격과 도전을 주었던 간증이다. 당시 필자가 사역하고 있는 교회는 월요일만 쉬고 매일 오전 10시부터 오후 8시까지 온종일 문을 열어 놓았다. 누구든지 들어와서 편히 쉴 수 있도록 원형탁자와 예쁜 의자를 배치했다. 말이 교회지 분위기는 영락없는 카페다. 하루 종일 은은한 찬송을 틀어놓고 성경책과 서적과 신문을 비치해 놓았다. 한 달에 커피가 2천여 개가 소비되었으니 참으로 많은 노숙인들이 이용했던 것이다. 더구나 점심과 저녁식사까지 무료로 제공하였으니 인산인해였다.

이용자들 대부분은 오갈 데가 마땅치 않으니 이리저리 배회하는 처지에서 무료한 시간을 보내기에는 '살맛나는 교회'가 안성맞춤이었다.

이들이 예배에 참석하는 것은 사실상 차와 밥을 얻어먹기 위함이다. 그러나 이들 중에서 단 한 사람이라도 주님을 영접시켜 그 영혼이 구원받을 수 있다면 그것이 바로 교회의 사명이기에 아랑곳하지 않았다. 통상 하루에 적게는 30여 명 많게는 50여 명이 다녀갔었다.

어느 날 30대 중반의 청년이 들어왔다. 말이 청년이지 거지라고 하는 것이 정확한 표현일 것이다. 머리는 감지 않아 기름떡이 져 있었고 옆에 다가서기 전에 벌써 노숙인 특유의 고약한 냄새가 풍겨져 왔다. 이름을 물어도 대답 없었던 이 청년은 매일 커피를 마시기 위해 출근하다시피 했다. 자연스레 예배에 참석하다 보니 어느 사이 살맛나는 교회 성도가 되었고 그 청년은 점점 변화되어 가고 있었다.

그 청년은 신학을 하게 되었고 그곳에서 거의 70이 다 되어가는 만학도인 여자 집사님을 알게 되었다. 신학을 통해 하나님을 더욱 가까이 알고 싶어서 뒤늦게 배움의 길을 택한 그녀는 중형 교회에 다니는 최 집사님이라는 분이셨다. 최 집사님은 청년이 다니는 교회는 사시사철 언제나 비누 꽃으로 강단이 꾸며져 있다는 사연을 듣고는 살맛나는 교회에 1년간 꽃꽂이 서원을 하게 된 것이다.

하나님께 서원한 대로 1년 동안 단 두 번을 빠지고 꽃꽂이 봉사를 하였다. 그러던 여름 8월 중순 어느 날 일이다. 올때 마다 최 집사님은 변비로 인해 아랫배의 통증과 전신의 피로감을 호소하였다. 아닌 게 아니라 얼굴이 초췌해 갔고 몸은 현저히 메말라 갔다.

결국 최 집사님은 정밀검사를 받게 되었는데 결과는 대장암 3기였다. 그 말을 듣는 순간 아찔했다. 어떠한 말로 위로를 해야 할지 도무지 아무런 생각이 떠오르지 않았다.

노숙인 교회에 일 년간 매주 꼬박 비가 오나 눈이 오나 춘하추동 강단에 꼿꼿이 봉사를 하였으면 하나님께서 상을 주시지는 못할망정 건강이라도 지켜주셔야 하건만 암이라니? 그것도 고치기 어렵다는 3기, 참으로 답답하고 죄송스러운 마음뿐이었다.

최 집사님은 과연 어떤 마음이실까? 얼마나 속으로 원망을 하고 있을까? 많은 상심 속에 보름쯤 지났을 어느 주말에 나를 찾아왔다. 흰 봉투를 내밀면서 기도해 달라는 것이었다. 원망할 수밖에 없는 상황인데 무슨 기도를 바라는 것일까? 헌금 봉투를 내밀며 기도해 달라는 집사님의 눈을 마주칠 수 없어 나도 모르게 머뭇거리고 있었다. 그러던 내게 그 집사님이 먼저 말문을 열었다.

"목사님, 저는 발이 움직이는 한 꼿꼿이를 계속하러 올 거예요." 그러면서 말을 이어가기 시작했다. 자신은 일찍이 남편과 사별하게 되었고 혼자서 2남 1녀의 자녀들을 키웠다는 것이다. 그동안 안 해 본 일 없이 별의별 일들을 다 겪으면서 자녀들을 키워 왔다는 이야기를 해 나가기 시작했다. 만일 자녀들이 한창 성장할 때 발병되었더라면 오늘날의 자녀들은 없었을 것이라는 것이다. 그러면서 오직 하나님의 은혜였음을 강조하는 것이었다. 하나님께서 아이들을 다 키울 때까지 병을 막아

주신 것만 해도 감사하다는 말을 되풀이하며 울먹였다. 이제 자식이 다 장성하여 본인이 돌보지 않아도 될 때에 병이 들었으니 얼마나 감사한 일이냐며 결국 눈물을 보이고 말았다.

아! 필자는 또 한 번 아무런 말을 할 수가 없었다. 온몸에 전율이 느껴져 왔다. 이분의 신앙이 진짜다. 이분이 하나님께 드린 꽃꽂이는 백만 원, 천만 원 그 이상의 어떤 헌금보다 진정한 가치를 지닌 눈물 어린 귀한 헌금이 아닐 수 없었다.

"오직 너희를 위하여 보물을 하늘에 쌓아 두라 거기는 좀이나 동록이 해하지 못하며 도둑이 구멍을 뚫지도 못하고 도둑질도 못 하느니라. 네 보물이 있는 그곳에는 네 마음도 있느니라."(마 6:20~21)

- **마음 창고에 저장해 두는 한마디**

  만일 자녀들이 한참 성장할 때 발병되었다면 오늘날의 자녀들은 없었을 것이라며 오직 하나님의 은혜로 돌리는 것이었다. 하나님께서 아이들을 다 키울 때까지 병을 막아주신 것만 해도 감사하다는 말을 하면서 울먹였다. 이제 자식이 다 장성하여 본인이 돌보지 않아도 될 때에 병이 들었으니 얼마나 감사한 일이냐며 결국 눈물을 보인 그가 바로 참 신자였다.

노숙인의 눈물로 드린 헌금

　필자가 시역하고 있는 '살맛나는 교회' 성도들은 기초수급을 받아 십일조를 낸다. 노숙인이 헌금을 내는 교회라고 해서 한때 언론에 보도된 적도 있다. 통상적으로 노숙인들은 헌금을 드리는 것이 아니라 오히려 교회로부터 돈을 받아낸다. 이곳저곳 장소를 마다하지 않고 돈을 많이 주는 교회라면 이단도 삼단도 가리지 않고 찾아다닌다. 하루에 교회를 대여섯 곳을 돌면 제법 몇천 원이 모여지는데 속칭 그들의 은어로 '짤짤이'라고 부른다. '짤짤이'를 하러 다니는 노숙인들의 특징은 예배 때 "아멘! 할렐루야!"를 큰 소리로 잘도 외친다. 그래서 처음에는 신앙이 좋은 사람으로 인식되기도 하는데 실상은 뿌리 없는 믿음으로 목회자들의 환심을 사기 위해 외쳐대는 것일 뿐이다. '짤짤이'로 벌어들인 돈은 대개 담배 값으로 술값으로 사용한다.

　서울역 주변에는 별의별 종류의 숙명의 덫에 걸려 천차만별의 삶에서 낙오된 자들로 득실거리고 있다. 고아원에 버려진 자, 육신이 병든 자, 직장에서 해고된 자, 사업이 망한 자, 빚더미에 눌린 자, 가족이 해체된 자, 심지어 미국에서 28년간 식당업을 하다가 마약 범죄로 추방당한 자도 있다. 모든 인간관계가 파괴된 채, 세상을 향해 응축된 분노를 안고 살아가는 이들로 북적인다. 이들 모두에게 복수심이 이글거리고 있으나 겨우 술기운을 빌려 혈기와 객기로 발산하고 있을 뿐이다. 말이 특수사역이지 시시때때로 언제 싸움판이 벌어질지 모르기 때문에 항시 긴장상태로 있어야 한다.

우리 교회에 Y라는 청년이 처음에 찾아왔을 때 모습은 초췌한 거지였다. 애당초 노숙인 사역을 하기로 작정하고 나서부터는 복음전도를 목표로 삼았기 때문에 어떤 몰골을 하고 있든 전혀 관계없이 모든 사람들을 반갑게 맞았다.

이들 대상으로 목적하는 바는 오직 한 가지! 쓸 만한 사람을 물색하여 재활의 길을 걷도록 복음으로 인도하는 것이었다. Y 형제는 일반적으로 방문하는 사람들과는 달랐다. 말이 전혀 없어 이름을 알아내는 데 한 달여가 걸렸다. 기어들어 가는 목소리로 겨우 이름 석 자를 말했다. 의아스럽게도 담배와 술은 입에 대지 않았다. 거친 사람들만 보아오다 모처럼 온순한 사람을 만나게 된 것이다. 그런데 유독이 돈에 관해서는 인색하기 짝이 없었다. 그러던 그가 어느 날 헌금 통에 동전 100원을 넣었다.

Y 같은 형제들은 참으로 드문 케이스다. 고향이 정읍인 그는 가출 후 10년간 노숙인 생활을 하며 한 번도 자신의 문제해결을 위해 마음먹었던 적이 없다가 상담을 통해 희망을 갖게 된 경우다. 단돈 100원을 겨우 헌금을 했던 Y 청년이 지금은 취직이 되어 월급을 받는 날이면 꼬박꼬박 십일조 헌금을 바치고 있다. 기적이 일어난 것이다.

사람들은 노숙인 사역하는 본인에게 대단하다고들 한다. 지근거리에 있는 동역자 역시 지금껏 대부분 사비에 의존하며 꾸려나가고 있음에 찬사의 말들을 건네준다. 기분은 나쁘지 않지만 늘 재정적인 문제에 노심초사하지 않을 수 없는 입장이 엄연한 현실이기에 언제까지 사비로 이어질지 장담할 수는 없다. 그야말로 지금까지 사역을 이어 나갈 수 있었던 것은 전적인 하나님의 보살핌 때문이다. 특히, 하나님께서는 사람을 통해 부족한 것들을 그때그때 채워주셨다.

얼마 전에 노숙인이었다가 재활의 길에 들어선 한 형제가 동전이 반 이상 들어 있는 커다란 병 모양의 투명한 저금통을 통째로 들고 왔었고, 새벽 급식에서 밥을 다 먹은 노숙인이 주방으로 와서 천 원짜리 지폐 다섯 장을 건네며 고맙다는 말을 할 때도 있었다. 쪽방촌에 거주하는 어느 분은 상주 곶감을 예쁜 보자기에 정성껏 싸서 가지고 왔다. 이른 새벽부터 수고하는 데 미안한 마음에 무언가 보답해야 한다는 생각이 들었던 모양이다.

헌금은 '돈'만을 드리는 것이 아니다. 진정한 마음을 드려야 한다.

노숙인들이 처음부터 헌금을 낸 것이 아니다. 이들에게 헌금은 '마음'이라고 가르쳤다. 그래서 '돈'이 없으면 편지를 써서 '헌금함'에 넣으라고 했다. 한 형제가 헌금함에 넣은 '헌금편지'의 내용 중 이런 내용이 있다. "하나님, 저는 한때 세상에서 부러울 것 없이 잘 살았는데 술로 도박으로 흥청망청 다 써버리고 이제 빈털터리가 되었습니다. 동전 한 닢 바치지 못해 정말 죄송합니다. 목사님께서 편지라도 써서 드리라고 하여 편지를 썼습니다. 제게 직업을 주신다면 이제 진짜배기 신자가 되겠습니다. 한 번만 기회를 주십시오. 예수님의 이름으로 기도합니다. 아멘!"

3개월 쯤 지나자 매 주일마다 편지를 써서 헌금함에 넣었던 이 형제에게 놀라운 일이 벌어졌다. 그렇게 어렵다던 취업이 되었고 매주 토요일에는 학점은행제 학사과정의 강의를 듣기 위해 학교에 갈 수 있는 길까지 열린 것이다. 이러한 유사사례는 일일이 열거할 수 없을 정도로 많다. 하나님은 참으로 신묘막측한 분이시다. 지금까지 사역을 해오면서 주께서 하신 일들은 인간의 생각으로는 도저히 이룰 수 없었던 일들이었기 때문이다. "내가 주께 감사하옴은 나를 지으심이 신묘막측하심이라 주의 행사가 기이함을 내 영혼이 잘 아나이다."(시 138:14)

자유 배식을 하고부터는 새벽에 많은 노숙인들이 찾아 든다. 길바닥과 쪽방과 고시원의 좁은 공간에서 새우잠을 자고 난 그들에게 따뜻한 국물과 밥 한 끼는 생존의 에너지다. 자유배식은 먹을 만큼 각자 알아서 취식하는 것이다. 처음에는 욕심 많은 사람들로 인해 맛있는 반찬이 일찍이 동이 나 버렸었지만 이제는 자기들끼리 배려하는 마음이 생겼는지 반찬 욕심을 내는 이들이 점점 줄어들고 있다. 또한 험상궂은 이들의 얼굴이 갈수록 밝아지고 "잘 먹었습니다. 고맙습니다."라는 인사말을 하는 이들이 점점 늘고 있다. 뿐만 아니라 어떤 이들은 헌금함에 돈을 넣고 가는 이들도 있다.

서울역 인근에서 배회하는 많은 이들의 공통점은 각자 구걸하여 벌어들인 동전들을 모아 여럿이 술잔치를 벌이는 것을 낙으로 삼으며 살아가고 있다는 것이다. 좋게 시작하던 술자리는 고성이 오가며 순식간에 싸움터로 돌변하고 행인들의 눈 살을 찌푸리게 한다.

과연, 이들에게 동전 한 닢, 밥 한 끼 공짜로 먹여 주는 것이 합당한가? 대부분의 노숙인들은 자신의 삶을 겨우겨우 추슬러 가고 있다. 여러 가지 사연으로 이곳까지 오게 된 이들에게는 망각의 술 한 잔을 살 수 있는 동전 한 닢을 구걸하기 위해 행인들을 대상으로 오늘 하루도 갖가지 행위 예술을 표출해 내고 있다. 도저히 변화될 리가 없었던 이들 중 회심한 자가 드리는 돈이야말로 눈물 젖은 헌금이다.

> • 마음 창고에 저장해 두는 한마디
> 가족도 사회도 모든 사람들이 도저히 변화될 리 없다며 외면하던 이들 중 회심한 자가 드리는 돈이야말로 눈물에 젖은 헌금이다.

공동체 사역에서 깨달은 헌금 원칙

헌금설교는 명사가 아니라 동사다

백석대학교 신학생들을 대상으로 설교학을 강의한 적이 있다. 학생들은 신학과정에서 설교학과목을 꽃으로 여기고 있다. 설교의 기법을 무시할 수는 없다. 그러나 가장 중요한 것은 목회자가 설교한 대로 행동으로 보여주지 못한다면 그 설교자는 목회자격을 상실한 자다. 최소한 설교한 대로 살아가려고 몸부림치는 눈물의 기도와 함께 행함의 애씀이 필요하기 때문이다.

목회자들은 교회재정의 핵심을 이루는 재원이 헌금임에도 불구하고 헌금설교를 기피하고 있는 실정이다. 이유는 헌금만 강조하는 목회자라는 인식을 들까 봐서 헌금설교를 꺼리고 있다는 것이다. 실제로 필자의 논문에서 밝힌 대로 설문의 응답자 절반가량이 교인들로부터 '돈'만 아는 목사로 인식될까 봐 헌금설교를 기피하고 있는 것으로 조사되었다.

헌금은 미적거리며 피할 문제가 아니라 대면하여 다뤄나가야 할 문제이다. 무엇보다 헌금설교를 혁신시켜 나가야 한다. 헌금구걸에 목 매지 않고 헌금을 기쁜 마음으로 자원하여 드릴 수 있도록 성경적 헌금에 관한 말씀을 과감하게 선포해야 한다. 그러기 위해서는 헌금을 언급하기 전에 사죄의 은총과 구원에 대한 확신을 심어줘야 한다. 평소 설교자 자신이 구원의 확신 속에 행함으로 솔선수범의 자세를 보여줄 수 있어야 한다. 구원의 확신 속에 하루하루 최선을 다하며 성화된 삶을 살아가는 성도는 구태여 헌금을 강요하지 않아도 자발적으로 드리게 되어 있기 때문이다. 따라서 헌금실교는 말로 끝나는 것이 아니라 헌금설교자 자신이 행동으로 보여 줄 수 있는 동사가 되어야 한다.

사역에 올인 한 만큼 채워진다.

흔히들 책가방이 크다고 공부 잘하는 것이 아니라는 말들을 한다. 방학 때 외삼촌댁이나 고모 댁에 이것저것 숙제할 것들을 책가방에 두둑이 챙겨 넣고 간 경험을 누구나 한 번쯤은 하였을 것이다. 그러나 정작 돌아올 때는 한 가지도 못하고 그냥 올 때가 있다. 한 가지라도 마음먹고 가벼운 마음으로 집중하여 숙제를 마무리 했어야 하는데 욕심만 많아서 제대로 이루지 못한 것이다.

처음에 서울역에서 노숙인 사역을 할 때 한시라도 이 사역에서 빠져나가기 위해 시기를 노렸었다. 무엇보다 악취를 풍기며 갖은 욕설과 폭력을 행사하는 이들이 싫었다. 설립한 지 수개월이 지나 술에 만취된 노숙인이 교회 기물을 몽땅 부숴버렸을 때 속이 뒤집어지는 것을 간신히 참아냈다. 여러 차례 혈기와 객기를 부리며 난동을 피우는 것을 지켜볼 때마다 하루 속히 이 사역을 집어치워야겠다는 생각이 수도 없이 들었었다.

  한 번은 서울시청을 방문했을 때 노숙인 재활 담당부서 과장으로부터 불쑥 이런 질문을 받은 적이 있었다. "목사님, 노숙인 중에서 변화된 사람 있습니까? 한 명이라도 변화된 사람이 있으면 데리고 와보세요." 나는 당시 서울특별시에서 위탁운영하고 있는 서울역노숙인 무료급식소 이용 18개 단체 연합회장직을 맡고 있을 때였다. 노숙인들의 급식 관련해서 문제가 발생하여 이의를 제기하려고 여러 단체장들과 함께 찾아 갔던 것인데 노숙인은 절대로 변화될 수 없다는 선입견을 가지고 있었던 것이다. 일주일이 지난 후 다시 시청을 방문하였을 때 나는 책 몇 권을 시청과장과 부서 직원들에게 갖다 주었다. 그 책은 소망교도소 부소장을 비롯한 여러 사람들이 신앙 체험한 내용을 기록한 '세상읽기'라는 소책자였다. 그 책 내용에는 살맛나는 교회공동체 형제자매들이 어떻게 변화된 삶을 살아가고 있는지 상세히 기술되어 있었다. 한 달여 한참 지나서야 책을 잘 읽었다며 자신의 선입견이 잘못되었음을 계면쩍은 웃음으로 대신해 보였던 적이 있었다.

  나의 신앙철학 한 가지를 대라면 예수 그리스도 안에서 맡은 바 사명에 최선을 다한다는 것이다. 서울역 노숙인 사역 4년 만에 그렇게 힘들다는 비영리 공인법인인 사단법인을 설립하게 되었다. 하나님께서 지경을 넓혀 주신 것이다. 갈렙이 85세 때 가나안 땅을 정복하기 위해 여호수아에게 "이산지를 지금 내게 주소서."(수 14:6)라고 간청하였다. 갈렙의 사역을 허락하신 그때 그 하나님이 지금 이 시간도 모든 사역자를 향하여 말씀하신다. "너희가 기도할 때 무엇이든지 믿고 구하는 것은 다 받으리라."(마 21:22) 다만 하나님의 나라와 의를 구하기 위해 애쓸 때만이 기도에 응답하실 것이다. 또한 기도의 내용이 잘못되었을 때는 당연히 이뤄질 수 없을 것이다. "구하여도 받지 못함은 정욕으로 쓰려고 잘못 구하기 때문이라."(약 4:3) 지금까지 하나님의 말씀에 근거하여 사역에 올인 하여 왔다. 이제 남은 생애의 기간이 얼마인지는 모르겠으나 맡겨진 일에 최선을 다해 나가야 할 소명이 있다. 오직 필요한 것은 사역에 올인 할 수 있는 은혜만을 간구할 뿐이다.

> "그러나 내가 나 된 것은 하나님의 은혜로 된 것이니 내게 주신 그의 은혜가 헛되지 아니하여 내가 모든 사도보다 더 많이 수고하였으나 내가 한 것이 아니요 오직 나와 함께하신 하나님의 은혜로라."(고전 15:10)

절대로 강요하지 않는다

> "이스라엘 자손에게 명령하여 내게 예물을 가져오라 하고 기쁜 마음으로 내는 자가 내게 바치는 모든 것을 너희는 받을지니라."
> (출 25:2)

하나님께서는 강요에 의해서가 아니라 자발적으로 순종하는 것을 원하신다. 하나님께서 만드신 인간의 영혼의 특징 가운데 가장 두드러진 것은 '자유의지'가 부여되었다는 것이다. 배속에 건전지가 장착된 로봇이 아닌 것이다. 지킬 수도 있고 어길 수도 있는 선택권이 주어진 것이다. "여자가 그 나무를 본즉 먹음직도 하고 보암직도 하고 지혜롭게 할 만큼 탐스럽기도 한 나무인지라 여자가 그 열매를 따먹고 자기와 함께 있는 남편에게도 주매 그도 먹은지라."(창 3:6) 제아무리 금기시해도 어기면 어쩔 수 없는 것이다.

말을 강제로 물가까지 끌고 갈 수는 있어도 말이 물을 먹지 않으려고 작정하면 도저히 먹일 수 없다는 것을 실제 해 봐서 안다. 짐승에게도 하기 싫어하는 것을 강제로 시킬 수 없거늘, 하물며 인간에게 강요한다는 것은 일시적인 효과는 있을지 몰라도 이미 진정성이 상실되어 후유증이 따를 수밖에 없는 것이다.

특히 교회헌금이 그렇다. 주보에다 이름을 올리고 노골적으로 헌금을 강요하고 경쟁심을 부추긴다. 헌금 액수를 공개하면 교인들이 눈치 보지 않을 수 없어서 우선 당장은 억지로라도 헌금할 수밖에 없을 것이다. 그러나 억지로 내는 헌금은 물 먹는 것을 거부하는 말처럼 영적인 갈증을 해소하는 데 전혀 도움이 되지 않는다. 오히려 헌금을 많이 낸다는 명분으로 교회에서 자신의 위치를 다져나가려 하는 병폐를 키워나가는 꼴이 될 수밖에 없다.

오늘날 수많은 교회들이 내분에 싸여 폭발하고 있는 행태들이 도를 넘어서고 있다. 억지로 낸 헌금의 기득권을 누리기 위해 사역의 운전대를 잡으려 하고 있기 때문이다.

필자는 헌금 설교를 하면서 항상 강조하는 것은 결코 억지로 내지 말라는 것이다. 억지로 먹는 밥이 체하듯 결코 좋은 결과를 맺을 수 없기에 그렇다.

IMF 외환 위기시절 대한민국이 국가부도를 눈앞에 둔 시점에서 세계를 깜짝 놀라게 한 역사적 사건은 전무후무할 것이다. 그때 어느 누구나 할 것 없이 가장 아끼고 아꼈던 금을 들고 나왔다. 아기 돌 반지를 비롯해 장롱 깊숙이 숨겨 두었던 금붙이들을 꺼내들고 나왔다. 현금보다 더 귀한 금을 들고 나와 길게 줄을 서서 기다리며 흔쾌히 국가에 헌납했던 국민성은 한국사에 길이길이 남을 사건이다.

자원해서 드리는 헌금은 사랑의 열매를 맺는다. 살맛나는 교회공동체 성도들 중에서 수급을 타고 월급을 타면 십일조를 내고 감사헌금을 내는 이들이 점점 늘고 있다. 더불어 이들의 삶은 눈에 보이도록 변화되고 있다. 우리 교회의 슬로건은 "살아있는 신앙은 변화된다."이다. 누구나 교회에 들어오면 한눈에 알아볼 수 있도록 붓글씨로 크게 써서 벽 상단중앙에 붙여 놓았다. 신앙은 생물과 같다. 반드시 반응하게 되어 있는 것이다. 돈이 없는 어떤 이들은 먹을 것을 들고 온다. 돌아다니다가 얻은 빵이며 과자며 음료수를 가지고 와서 나에게 건네는 이들도 있다.

그들의 눈빛에 진심 어린 감사가 배어 있음을 단번에 알아챌 수 있다. 헌금 역시 이렇게 자발적으로 감사하는 마음으로 드려야 효험이 나타나는 것이다. 이것이 하나님께 드리는 올바른 봉헌정신이다.

1/10 은 구제비로 사용한다

오늘날 교회는 자본주의를 진두지휘하고 있다. 교회가 추구하던 경건의 모양은 진부함으로 가증스럽다 못해 혐오스럽다. 교회 성장의 상업화가 유행되고 있으며 세상으로부터의 조롱과 희롱의 결과가 천박함으로 굳어져 가고 있다. 이렇게 되기까지 기여한 것이 바로 헌금이다.

한국교회는 '돈'이 많아 문제다. 물질적으로 부자이지만 측은할 정도로 빈곤한 마음으로 살아가고 있다. 마치 흥부의 형님 놀부처럼 교회는 조금도 베풀 줄 모르는 인색한 병에 걸려 있다. 맘몬의 노예 신분으로 하나님을 섬긴다. 그래서 갈팡질팡 혼돈의 세월을 보내며 성도들에게 진정한 평화의 기쁨을 전해주지 못하고 있다. 염려 걱정 근심 불안 초조 공포를 오히려 교회가 조장하고 있다.

최근 언론 보도를 통해 알려진 바에 의하면 극소수이기는 하지만 수취된 교회 헌금의 십분의 일을 구제비로 사용하는 교회들이 있다. 구약의 레위인도 자신들이 받은 제물의 십분의 일을 봉헌물로 내놓았던 것을 성경에서 확인할 수 있다.

수입의 십 분의 일을 헌금하는 데 있어서 말들이 많다. 십일조를 내야 하느니 말아야 하느니 분분하다. 십일조를 내고 안 내고는 결국 당사자 마음이다. 십일조를 안 낸다고 해서 법적으로 문제될 것은 전혀 없다. 그리고 십일조에서 더 많이 낸다 해서 문제될 것도 없는 것이다.

십일조 문제를 거론하는 것은 예수님을 올무에 빠트리려고 동전을 가지고 와서 딴지를 건 자들과 조금도 다름없다. 로마정부는 당시 로마 황제 가이사에게 14세부터 64세까지 인두세를 의무적으로 바치게 했다. 하지만 헌금은 법적인 강제효력이 미치지 못했다.

'살맞나는 교회공동체'는 헌금과 후원비의 십 분의 일을 더 어려운 교회들을 대상으로 나누고 어려운 형제들의 주거비와 학비로 지원한다. 그럼에도 지금까지 6년 동안 모든 것이 해결되어 왔다. 이 모두가 하나님께서 베푸신 은혜의 소산이다.

교회가 관리하는 모든 헌금은 목사 개인의 사금고가 아니다. 헌금 사용은 공적 절차를 거쳐 합당하게 이뤄져야 한다. 조직교회 안에는 살림을 의논하고 집행하는 기구들이 있다. 장로교의 경우 공동의회, 제직회, 당회가 있다. 사업의 정책과 방향은 물론 진행과 관리의 책임을 목사가 직접 결정하고 집행하는 것이 아니다.

결정과 책임은 함께 가는 것이기 때문에 결과에 대한 책임도 결정권자가 져야 한다. 헌금을 잡아먹기 위해 시시때때로 위장하는 카멜레온의 진열품에 속아 넘어가서는 안 된다. '살맛나는 교회'는 매월 전 교인에게 헌금내역을 공개하고 있다. 그리고 '사단법인 살맛나는 공동체'는 매년 3월 말 기준으로 연 간 후원금에 대한 수입과 지출을 홈피에 낱낱이 공개하고 있다. 비록 헌금과 후원이 넉넉하지 않지만 그때그때 필요한 물질과 인력을 충당해 주시는 하나님의 은혜를 생각하면 눈물이 난다.

우리 모두는 할 수만 있다면 십분의 일이 아니라 그 이상 더욱더 어려운 이들을 위해 구제비로 사용할 수 있어야 한다. 지금까지 구제사업을 해오면서 참으로 힘겨울 때도 있었지만 어느 날 하나님께서 내 그릇에 맞는 사역을 주셨다는 것을 깨닫게 하셨다.

약 73억 분의 1이라는 세계인구의 수치에서 나 한 사람일 뿐이라고 생각할 수 있겠으나 우리 모두 각자는 참으로 소중하다. 지금까지 살다 간 인류 역사의 인물들을 생각할 때 한 사람의 존재는 먼지 티끌과 같을 뿐이다. 그러나 주님께서 천하보다 귀한 존재라고 말씀하셨기에 한 사람의 영혼을 구원하는 데 헌금이 기꺼이 사용되어야 한다.

헌금을 어항 속에 넣는다

물이 너무 맑으면 고기가 살지 못한다는 속담이 있다. 물이 너무 맑으면 고기가 몸을 숨길 곳이 없기 때문에 잡아먹힌다는 뜻이다. 그래서 적당히 비리에도 눈을 감을 줄 알아야 한다는 뜻이다. 이 말이 오늘날까지 사회 구석구석에 악용되어 독버섯처럼 자라나 결국 부정부패가 만

연할 수밖에 없었던 것이다. 이제 고기는 탁한 물에서 살아남을 수 있고 사람은 맑은 물에서 살아남을 수 있음을 증명해야 한다.

우리나라는 가난을 벗어나려고 1962년도부터 5개년 경제개발을 추진하면서 오직 성장일변도의 외길을 달려왔다. 경제개발에 필요하다면 검은 돈의 지하경제도 눈감아 주던 시절이었다. 가명과 무기명의 금융거래는 암세포처럼 건전한 경제를 잠식하기 시작하였는데 대표적인 사례가 바로 1982년도에 발생된 '이철희·장영자 금융사기사건'이었다. 천문학적 수치의 검은 돈의 거래가 밝혀져 온 나라가 발칵 뒤집힐 수밖에 없었다. 이 사건 외에도 하루가 멀다 하고 부정부패의 먹이사슬에 '검은 돈'이 혼탁한 사회 구석구석을 헤집고 다녔다.

결국 1993년 8월 12일 오후 8시를 기해 대통령 긴급명령으로 '금융실명제'를 전격 시행하게 된 것이다. 당시 사람들은 경제에 파국이 온다고 많은 염려를 했지만 오히려 지하경제로 인한 폐단이 현격하게 줄어들고 자금순환이 원활하게 이뤄졌다. 뿐만 아니라 조세포탈의 여지가 없어져 과세의 불공평이 해소되고 세수가 현격하게 증가되었다. 또한 2016년 9월 28일부로 시행된 김영란법에 의해 부정한 거래들이 한층 더 줄어들게 되었다. 이 모든 조치들은 투명한 사회를 만들어 가는 데 절대로 필요한 방책인 것이다.

오늘날 한국교회가 당면한 헌금문제의 핵심 중 핵심이 바로 투명성이 결여되어 있다는 것이다.

바른교회 아카데미 주관으로 시행한 헌금에 대한 개신교인의 의식조사에서 전체응답자의 38.7%만이 "교회제직들에게만 보고 문서를 배부한다."라고 답변한 것이 공표된 바 있다. 필자가 작성한 『한국교회 헌금의 인식도 분석을 통한 목회 활성화 방안 연구』논문의 설문조사 문항 중에서 "헌금사용에 대한 공지를 어떻게 하는지에 대해서."라는 세부 항목에 응답자의 24.3%만이 "매월 전교인에게 공개한다."라고 하였다.

교회헌금에 관한 재정보고는 단돈 1원이라도 착오 없이 전교인에게 투명하게 공개해야 한다. 각 교회 형편에 의해 공개하지 않는 이유도 있을 수 있겠으나 서두에서 '금융실명제'와 '김영란법'에 관해 언급한 것처럼 이제 한국교회도 '헌금실명제'를 전격 시행해야 한다. 살맛나는 교회공동체는 지금까지 100% 투명하게 전교인에게 재정을 공개하여 왔다. 아직까지 자비량의 비중에 많으나 점점 갈수록 교인들의 헌금참여가 증가하고 있다. 일일이 열거할 수 없으나 그야말로 눈물로 드린 헌금들이다.

어항 속의 고기들의 하루가 투명한 유리에 의해 사면에서 관찰될 수 있듯이 수취된 헌금이 어떻게 하루하루 생활하고 있는지 전 교인이 감찰 할 수 있어야 한다. 이렇게 될 때 교인들은 소속감을 갖고 복음사역에 적극적으로 동참하게 될 것이다.

- **마음 창고에 저장해 두는 한마디**

  교회가 관리하는 모든 헌금은 목사 개인의 사금고가 아니다. 헌금 사용은 공적 절차를 거쳐 합당하게 이뤄져야 한다. 결정과 책임은 함께 가는 것이기 때문에 결과에 대한 책임도 결정권자가 져야 한다. 헌금을 잡아먹기 위해 시시때때로 위장하는 카멜레온의 진열품과 같은 헌금 봉투에 속아 넘어가서는 안 된다.

제6장

하나님이 말씀하시는 천국

각각 그 마음에 정한 대로 할 것이요
인색함으로나 억지로 하지 말지니
하나님은 즐겨 내는 자를 사랑하시느니라.

• 고린도후서 9:7 •

목회자들이여 들으라!

　물은 위에서 아래로 흐른다는 사실과 포도나무에 가지가 붙어 있어야 열매를 맺게 된다는 사실은 이미 태초부터 하나님께서 정하신 원리다. 하나님과 목회자의 관계가 이와 같다 할 것이다. 먼저 하나님의 사랑을 체험한 목회자만이 내리 사랑의 원리를 통해 성도들을 양육해 나갈 수 있다. 그리고 사랑의 통로가 예수님으로부터 공급된다는 진리를 체득한 자라야 할 것이다. 목회자가 그릇된 신앙을 소유하고 있으면 그 파급은 결국 성도들에게 고스란히 전이된다.

　필자가 이사장으로 재직해 있는 '사단법인 살맛나는 공동체'는 한국사회복지사협회로부터 사회복지 현장실습기관으로 위촉된 기관이다. 사회복지사 지망생들이 자격증을 취득하기 위한 실습의 마지막 관문이 현장실습과목을 이수하는 것이다. 그런데 이들을 가르치다 보면 사회복지사로서 갖추어야 할 기본자질이 전혀 구비되어 있지 않은 자들이 있다. 이들은 오로지 자격증만 취득하기만을 바랄 뿐이다. 이들에게 사회복지철학을 가르쳐 보지만 여간 힘든 것이 아니다.

오늘날 예비목회자들 중에서도 이와 같이 오직 안수를 목적으로 신학의 길에 뛰어든 자들을 자주 목도하게 된다. 멋진 건물, 높다란 강단 위에서 수많은 교인들을 내려다보며 설교하는 모습을 꿈꾼다. 그리고 스타목사를 꿈꾸지만 현장은 치열하다. 이들의 공통점은 한 영혼을 위해 우는 것이 아니라 세상 것 때문에 징징거리고 있다는 것이다. 이들이 운 좋게 성공하면 결국 온갖 비리의 악취를 진동시키며 하나님의 이름을 망령 되게 부르는 데 앞장선다.

"나더러 주여 주여 하는 자마다 다 천국에 들어갈 것이 아니요 다만 하늘에 계신 내 아버지의 뜻대로 행하는 자라야 들어가리라."(마 7:21)

결국 목회자가 하나님의 가르침을 따라 성경적인 말씀을 제대로 인식하고 스스로 본을 보이며 가르칠 수 있는 신앙체험의 여부가 관건이다. 참으로 구원의 확신이 있는가? 바로 지금 이 세상을 떠난다 해도 천국에 갈 수 있다는 확신이 목회자 스스로 굳건히 서 있는가 말이다. 그래서 힘든 일이 닥칠 때마다 강하고 담대하게 견디어 나갈 수 있는 내공의 믿음이 바탕에 깔려 있는가? 하는 물음에 스스로 예, 아니오, 둘 중에 어느 것인가에 대한 결론을 내야 한다. 만일 확신에 차 있지 않다면 무책임하게 성도들을 향해 헌금을 내라고 종용해서는 안 된다.

목회자 본인 스스로 구원에 대한 확신과 이에 대한 감사가 있을 경우에라야 가장 먼저 자신의 물질을 가지고 헌금의 본을 보여야 하는 것이다. 십일조가 되었든 감사헌금이 되었든 간에 자발적으로 자신의 물질을 먼저 아낌없이 봉헌해야 한다. 교회입구에 비치된 수많은 명목의 헌금 봉투에 목회자가 먼저 자신의 돈으로 빈 봉투들을 채우고 난 후 교인들에게도 헌금을 내라고 해야 하는 것이 맞다. 헌금을 드린 후 굶어죽는 한이 있더라도 먼저 솔선수범해야 한다. 그렇지 않다면 여러 종류의 헌금봉투를 깔끔히 치워야 한다.

아합 왕 시대의 기근 때 죽음을 작심한 사렙다 과부가 마지막 남은 먹거리를 엘리야에게 대접하고 죽기를 각오한 결과 어떻게 되었는가? 하나님께서 그의 가루 통에 가루와 기름이 떨어지지 않게 하셨음(왕상 17:8~16)과 같이 우리 모두 각자에게도 그리 하실 것이다. 설령 그리 아니하실지라도 반드시 다른 방법으로 채워주시는 분이 하나님이시라는 믿음의 각오가 서 있어야 한다.

필자가 처음 신앙을 접하던 시절로 기억된다. 당시 육, 해, 공군이 함께 예배드리는 계룡대 본부교회를 마다하고 개척교회를 찾아 신앙생활을 하였던 적이 있었다. 호남선 두계역 바로 앞 작은 언덕에 위치한 통합교단소속의 평화장로교회라는 곳이다. 지금은 놀라운 부흥으로 계룡시내로 옮겨져 갔지만 그 당시에는 참으로 어려웠다. 담임목회자가 수시 바뀌는 것이 다반사였고 그나마 시골 아이들과 나이 드신 몇 사람이 출석하여 겨우 명맥을 유지하고 있었을 때였다.

어느 날 교회 축대공사를 하던 점심시간에 3년간 모은 적금 300만 원을 가지고 당시 담임목사였던 정진모 목사에게 수표로 바꿔서 전달한 적이 있다. 80년도 후반 무렵이었으니 결코 작은 돈이 아니었다. 목사님 서재로 찾아가 전달하고 나오면서 느낀 그때의 희열의 에너지가 바로 지금의 신앙을 싹트게 한 씨앗이었음을 확신한다.

그 믿음의 씨앗이 뿌려졌기에 오늘날 교회공동체를 태동시키게 되었고 운영비의 대부분을 자비량으로 할 수 있게 된 것에 감사하고 있다.

노숙인이었던 살맛나는 교회 성도들은 자발적으로 헌금을 구분하여 드린다. 그리고 공동체 법인 통장으로 만 원, 이만 원 각자 후원하며 수급과 자활을 통해 얻은 수입에서 십일조를 드린다. 이들이 드리는 헌금은 이 세상의 '돈'과 확연히 구별된다. 자신들도 좋은 일에 동참하고 있음에 대한 기쁨과 보람을 안고 살아가고 있다. 이 같은 일들이 거저 이루어진 것이 아니다. 목회자인 나 스스로 애쓰고 있음에 대한 배움의 열매들인 것이다. 남에게 본이 된다는 것은 결코 쉽지 않다. 교인들을 의식하며 노력하는 것이 아니라 하나님의 말씀을 따라 살기 위해 부단히 몸부림치고 있을 때 성도들은 자연스럽게 닮아간다.

목회자는 성도들에게 절대로 헌금 때문에 스트레스를 받게 해서는 안 된다. 헌금을 강조하기 전에 성경에서 말씀하시는 사죄와 구원의 영생에 대한 확신을 심어주는 데 진력해야 한다. 성도들에게 성령의 역사로 말씀이 들어가면 자발적인 헌금의 봉헌이 하나님의 지성소에 상달

될 것이다.

하나님이심에도 인간으로 오신 예수님은 십자가 부활의 사건만을 보이신 것이 아니다. 인간이 이생에 살면서 어떻게 신앙생활을 해나가야 하는가에 대한 본을 보여 주셨다. 특히, 물질을 어떻게 사용해야 하는지에 대해 자세히 교훈하셨음을 성경 곳곳에서 말씀과 행동으로 알려주시고 있다.

종교지도자인 바리새인들과 서기관에 대한 예수님의 책망은 그들 자신에 대한 구원의 확신도 없는 상태에서 남이 들어가야 할 천국 문을 가로막고 있는 어리석음에 대한 지적이다. 오직 자신의 명예와 부를 고수하기 위해 하나님의 율법을 아전인수 격으로 해석하고 지도하였음을 꾸짖으셨다.

> "화 있을진저 외식하는 서기관들과 바리새인들이여 잔과 대접의 겉은 깨끗이 하되 그 안에는 탐욕과 방탕으로 가득하게 되었도다."(마 23:25)

미국 남부침례신학대학교 설립 학장이었던 톰 레이너 교수는 교인이 줄어드는 이유의 가장 첫째 요인이 헌금 스캔들이라고 말했다. 헌금 문제는 성도들로부터 즉각적인 불신 요인으로 작용된다는 것이다.

60~70년대에 어두운 밤 야경이 휘황찬란한 나이트클럽의 네온사인

으로 뒤덮였던 시대가 있었다. 부어라 마셔라 흥청이던 이 민족에게 복음의 십자가 불빛을 밝혀 달라며 부르짖었던 한국 초대교회의 세대가 기울어가고 있다.

간음, 살인, 폭행, 도박, 표절, 공금횡령 등 온갖 범죄의 집단으로 매도되고 있는 한국교계의 모든 책임은 범법 당사자들에게만 있는 것이 아니다.

이제는 교회 수가 8만이 넘어섰고 목회자가 15만여 명이나 되는데 십자가 불빛이 세상을 점점 더 어둡게 하고 있어 마음이 서글프다. 그 누구의 책임의 탓으로 돌릴 것도 아니며 목회자 스스로 자책하고 회개할 것으로 끝나는 것이 아니라 행함으로 본을 보여야 할 때가 바로 이때다. 회개하지 못하고 변화될 수 없는 목회자를 이제 우리 모두는 합심하여 교회에서 사회에서 멀리멀리 추방시켜야 한다.

목회자들이여! 그대들의 책임이 막중하다.

육신의 의사보다 영혼의 의사가 되겠노라며 의사 가운을 집어던지고 목회자의 소명에 44년간 몸부림쳤던 마틴 로이드 존스 목사의 말을 새겨들어야만 한다. 그는 그의 저서 『설교와 설교자』에서 "오직 설교라야만 한다."라는 설교의 허구성을 강하게 질타하였다. 침체되어 가는 강단을 살리기 위한 유일한 길은 오직 설교자가 말씀을 선포한 바와 같이 살아가야만 한다. 부족하지만 말씀대로 살아가기 위한 눈물의 몸부림이 성도들의 영안을 통해 보일 때 성도들이 변화되는 것이다.

마음 창고에 저장해 두는 한마디

목회자 본인 스스로 구원에 대한 확신과 이에 대한 감사가 있을 경우에라야 이때 비로소 헌금 설교를 할 자격이 있다. 그리고 가장 먼저 설교자 자신의 물질을 가지고 헌금하는 본을 보여 줘야 한다.

성도들이여 깨어 있으라!

우리 집안은 전주 이씨 효령대군 26대손이다. 허나 자랑할 것보다 부끄러운 것이 너무나 많다. 사색당파, 주색잡기, 아비가 자식을 처참하게 죽이고 권력에 눈이 어두워 형제가 형제를 죽인 피비린내 나는 역사의 결과는 패망이었기 때문이다. 이조 500년 역사를 공부하면서 깨닫게 된 것이 있다면 무구한 역사와 전통은 후손들에게 선한 영향력을 끼쳤을 때만 긍지와 자랑으로 계승되는 것이라는 사실이다. 우리 국민들의 뇌리 속에 세종대왕과 이순신 장군 같은 분들 외에 과연 몇 분의 선왕이나 성인군자들이 기억되고 있겠는가?

그토록 오랜 세월이 경과되었건만 아직도 매듭짓지 못한 역사적 수치의 사건이 바로 '위안부 문제'일 것이다. 지긋지긋하게 악몽의 현실로 매듭짓지 못하고 있는 위안부 문제만 놓고 볼 때도 분노와 비탄의 슬픔이 교차되지 않을 수 없다. 물론 일본의 만행이 천인공노할 짓이었지만 외침 앞에 무능하고 무력하기 짝이 없었던 우리 선조들의 역사적 과오들을 묵과해서는 안 될 것이다. 부정부패의 왕정으로 인해 백성들은 도탄에 빠지게 되었고 임진왜란을 맞아 가장 먼저 도망간 임금을 둔 불쌍한 백성들이 일치단결하여 왜놈들을 물리쳤던 역사적 사실들을 냉철하게 반성하고 각성하지 않으면 안 될 것이다.

오늘날 한국교회가 침체되어 가고 있는 것에 대한 1차적인 책임은 분명 목회자들에게 있다. 그러나 교회역사의 흐름은 항상 성도들의 울부짖음에 의해 개혁되어 왔다. 애굽의 압제에 신음하는 백성들의 울부짖음에 구원자 모세를 지명하셨던 것처럼 하나님께서는 오늘 한국교회 성도들의 부르짖음을 원하신다. 성도들의 일심단결이 절실한 이때다.

헌금을 외쳐대는 거짓 교회로부터 피신하라! 한국교회 성도는 탐욕의 거짓으로 뒤범벅된 헌금의 수렁에서 속히 빠져나와야 한다. 아담과 하와에게 간교한 수법으로 접근하여 하나님과의 사랑을 이간질시킨 거짓의 아비 사탄의 무리들에게 더 이상 속임 당해서는 안 된다. 우리 모두는 힘을 모아 진리의 말씀을 호도시키고 있는 타락된 교회를 퇴출시켜야 한다.

물질적인 성공과 번영 신학만을 외치는 적그리스도의 하수인들인 거짓목회자들을 솎아내고 몰아내는 혁명을 일으켜야 한다. 예수님을 은 30에 팔아넘긴 가룟유다처럼 신의를 저버리고 신자들의 알량한 주머니를 터는 사탄의 앞잡이들을 소탕해 내야 한다. 헌금을 교회에 투자하면 잘 먹고 잘살게 된다는 법칙만 가르치는 거짓교사들의 마수에서 벗어나기 위해 그들의 실체를 세상에 알려야 한다.

혈혈단신의 몸으로 골리앗과 같은 거대한 로마교황청을 향해 교황과 교회 지도자들의 부패척결을 외치다 1415년 화형에 처해졌던 '후스'처럼 이제 성도들이 죽음을 각오하고 혁명을 일으킬 때가 온 것이다. 예수가 아닌 인간이 영광을 받고 있는 불결하고 음흉한 교회로부터 도망쳐 나와야 할 때가 온 것이다.

십자가의 고통을 외면한 채 복채 주머니를 채우려는 무속의 교회로부터 사력을 다해 탈출해야 한다. 성도의 비통함을 교회 헌금함에 잡아넣는 간교한 교회로부터 속히 도망쳐 나와야 한다. 십자가의 피가 묻지 않고 애통함이 없는 기복신학으로 헌금을 강탈해 대는 강단에서 도적들을 몰아내야만 한다.

죄악 속에 살면서도 안일함에 도취되어 아부설교를 해대는 정치목사들에게 더 이상 마이크를 허용해서는 안 된다. 값싼 은사주의로 헛된 예언과 안수로 돈을 긁어 모아대는 그들은 모두가 하루 속히 제거해 내야 할 사탄의 앞잡이며 거짓의 아비다. 사이비 목사를 발본색원하기 위해서 가장 필요한 것은 성도들이 영적으로 무장되어 있어야 한다는 것이다.

성도들이 말씀으로 실력을 쌓아나가야 한다. 민주주의가 국민의 힘에서 나오듯이 신앙의 힘은 성도들에게서 분출되어야 한다. 성도들 한 사람 한 사람이 하나님을 아는 지식의 고상함에 매료되어야 한다. 바울처럼 하나님을 아는 지식을 습득해 나가기 위해서는 부지런히 하나님의 공의와 정의를 아는 지식을 쌓아 나가야 한다. 성경지식은 신학자나 목회자만 연구하는 것이 아니라 성도들 개개인이 성경을 읽고 묵상하는 가운데 습득되는 것이다. 성경말씀이 곧 능력이다.

단순히 교회생활에 의존하여 목사가 전달하는 말씀을 듣고 시키는 대로 할 것이 아니라 스스로 성경을 상고하고 깨달아 행함으로 성령 충만한 능력을 체험할 수 있어야 한다. 그리하면 생업의 현장에서, 학교에서, 가정에서, 모든 분야에서 능력 있는 그리스도인이 될 수 있는 것이다. 그래서 일회적 신앙이 아니라 끊임없이 지속적으로 신앙체험을 이어갈 수 있는 연속적 성화가 요구되는 것이다.

헛된 충성과 자기만족의 봉사에 힘을 허비하지 말아야 하고 자신의 이기적인 욕망의 도구로 신앙을 이용해서는 안 된다. 하나님의 말씀에 따라 살아가려고 애써야 하며 자신의 유익추구를 멀리해야 한다.

교회를 친목단체의 일환으로 생각하여 사익추구의 암산을 해서는 안 된다. 신앙의 연조가 오래될수록 성령으로 거듭나는 중생의 체험에 목말라해야 하고 개인의 영달을 멀리해야 한다.

그래서 물질의 축복, 신비로운 체험, 신유은사, 기적과 이적, 건강과 출세와 명예와 불필요한 자존심 고취에 시간을 낭비할 것이 아니라 숨 넘어가는 그 순간까지 하늘의 복음을 전해야 한다. 이러한 사람들이 교회에 많으면 많을수록 그 교회를 통해 하나님께서는 영광을 받으신다. 뿐만 아니라 하나님께서 복음을 전하는 자의 대대손손 하늘의 별과 같이 믿음의 계보를 이어가도록 축복해 주신다고 언약하셨다.

"하나님이여 내가 늙어 백수가 될 때에도 나를 버리지 마시며 내가 주의 힘을 후대에 전하고 주의 능을 장래 모든 사람에게 전하기까지 나를 버리지 마소서."(시 71:18)

- **마음 창고에 저장해 두는 한마디**

  골리앗과 같은 거대한 로마교황청을 향해 일개 신부에 지나지 않은 마르틴 루터 신부가 혈혈단신의 몸으로 선전포고문을 날렸던 것처럼 이제 성도들이 헌금혁명을 일으킬 때가 온 것이다.

세상 사람들이여 베풀라!

코미디계의 황제로 불렸던 이주일 씨가 생전에 한 말이 유행어가 된 적이 있었다. 바로 "못생겨서 죄송합니다."라는 말이다. 그의 얼굴이 남들에게 혐오감을 줄 정도로 못생겼다거나 기분 나쁠 정도의 인상은 결코 아니었다. 그럼에도 TV 프로에 나와 못생겨서 죄송하다는 말을 자주 내뱉었었다. 자신의 생김새가 썩 맘에 들지 않음을 토로하듯이 대사로 읊조린 것이 유행되자 내심 트레이드마크로 활용하려 했던 것 같다.

과연 못생겼다는 이유만으로 죄송한 마음을 가져야 하는가? 인간은 누구나 태어나는 순간부터 여러 가지 불가항력적인 조건들과 만나게 된다.

부모와 가족들은 물론 두뇌와 생김새뿐만 아니라 나라와 민족 역시 취사선택의 여지없이 마주할 수밖에 없다. 어느 누구나 살아가면서 겪는 일들 중에서 도저히 피할 수 없는 불가항력적인 것들은 수도 없이 많다.

　태어나 보니 자신의 부모가 의사요 교수요 재벌인 사람이 있는 반면, 지지리도 가난하고 신체적으로 장애를 갖고 태어나는 사람도 있다. 그래서 흔히들 "복이 있다 없다."라고도 하고 "운이 좋다 나쁘다."라고도 한다. 금수저, 은수저, 흙수저라는 말이 있는데 아예 한 술 더 떠서 무수저라는 말도 유행하고 있다.

　역사적으로 피부색이 검다는 이유 하나만으로 평생 노예로 살아간 사람들도 부지기수이다. 세계적으로 절찬리에 방영되었던 '뿌리'라는 영화는 실화를 바탕으로 집필된 흑인노예역사 대하드라마다. 알렉스 헤일리의 원작소설 '뿌리'의 내용을 4부작으로 구성하여 제작한 것이다. 아프리카 원주민이 노예사냥꾼에 의해 미국으로 팔려와 온갖 멸시와 천대와 폭력을 당하면서 대를 이어가는 흑인의 일대기를 담아낸 작품이다. 자유를 갈망하는 흑인노예의 삶을 통해 인간의 존귀함이 결코 피부색에 의해 결정되는 것이 아님을 천명한 명작이다.

　미국에 가서 어느 흑인성도의 간증을 듣다가 눈시울을 적신 적이 있다. 그분도 백인이 사는 동네의 파출부로 생계를 이어가는 부모로부터 출생 성장하였는데 악몽과 같았던 어린 시절을 이렇게 회상하였다. "저는 백인친구들로부터 검둥이라는 놀림과 함께 폭행을 수도 없이 당하며 자랐습니다. 어느 날 백인친구들에게 흠뻑 두들겨 맞고 집에 돌아와 화장실에 들어가서 눈물을 펑펑 쏟았습니다. 한참 동안을 울다가 문득 새까만 피부를 벗겨내면 하얀 피부가 될 수 있겠다는 생각이 들어 수세미에 비누를 묻혀 닦고 또 닦아댔습니다. 그러나 피부색은 변하지 않고 팔뚝으로 붉은 피만 흘러내릴 뿐이었습니다. 그때 나를 낳은 부모가 한없이 원망스러웠습니다." 그 어느 누구든지 불가항력의 숙명에 처하다 보면 자신의 처지가 원망스럽지 않을 수 없다. "어머니 왜 나를 낳으셨나요?"라는 노래가 유행하던 시절이 있었다. 앞을 못 보는 맹인의 신세를 한탄하며 구슬픈 가사를 노래로 담아냈던 이용복 가수는 훗날 복음 전도사로 맹활약한바 있다.

필자의 상담을 통해 민·형사 사건을 해결 받고 수급을 타고 취학을 하고 취직하게 되면 내담자는 고마워 어쩔 줄 몰라 한다. 이들은 고마움에 자신들의 간과 쓸개라도 당장 빼내 줄 것처럼 은혜를 갚으려 한다. 이들에게 당부하는 공통적인 말이 있다. 내게 은혜를 갚으려 하지 말고 더 어려운 사람들에게 잘 해주라는 말이다. 눈에 흙이 들어가기 전에 반드시 자신보다 더 못한 사람들을 찾아서 타인으로부터 진 빚을 갚으라는 말을 한다. 왜냐면 나 역시 오늘 내가 존재하기까지 너무나 많은 분들로부터 도움을 받았기 때문이다.

돈이 많든지 적든지, 권력과 명예가 있고 없고를 떠나 우리 모두는 빚진 자이다. 단돈 일 원 한 장뿐만 아니라 모든 것이 내 것이 없다. 그래서 이 세상 떠날 때 잠시 맡아 누렸던 모든 것들을 다 놓고 갈 수 밖에 없는 것이다. 잠시 맡았던 것들 역시 타인의 도움이 없이는 획득될 수 없었다는 사실을 알아야 한다. 욕심 부려 봤자 부질없는 짓일 뿐이다. 불로장생의 명약을 구하려 했던 진시황제뿐만 아니라 징기스칸, 나폴레옹 등 기라성 같은 모든 영웅호걸들은 자신들이 평생 쌓고 모았던 권세와 금은보화는 고사하고 동전 한 닢 갖고 가지 못했다.

몇 년 전 의정부에서 화재가 발생했을 때 이승선이라는 분이 자신의 차량에 늘 싣고 다니던 밧줄을 이용해 9명을 구해냈다. 참으로 살신성인이다. 9층까지 올라가 독가스와 같은 연기를 마시면서 죽음을 무릅쓰고 많은 생명들을 구해내었다. 살 한 점, 피 한 방울도 섞이지 않은 남의 생명을 구한다는 것은 결코 쉬운 일이 아니다. 그의 선행에 감명을 받은 어느 독지가가 3천만 원을 전해 주려고 그를 찾았다. 명언 중에 명언이었던 그의 말이 지금도 선명히 뇌리에 남아있다. 3천에 0 하나를 더 붙여 준다 해도 받지 않겠다고 완강히 손사래를 쳤다. 더 어려운 사람에게 전달하라며 정중하게 거절한 것이다. 자신의 '땀'을 흘리며 번 돈이야말로 '꿀맛'이라는 것이다. 돈을 좇는 만인에게 경종을 울리는 말이다.

얼마 전 현역이었던 육군 대장 P씨가 계급장에 별이 네 개씩이나 붙을 동안 자신의 처가 공관병들에게 상습적으로 동물 학대하듯 한 사건이 언론에 보도되었다. 결국 창군 이래 현역 육군 대장이 두 번째로 구속되는 치욕스런 일을 당했다. 필자와 같은 동향인이기에 P씨가 장군이 되었을 때 그의 존재를 알았었다. 언젠가 그가 태어나 자란 동네로 지나갔었던 적이 있었는데 그때 기갑병과 출신의 장군 진급을 축하하는 현수막이 걸려 있었다. "이런 시골 동네에서 장군이 나왔으니 자랑스럽기도 하겠다."라는 생각을 하며 지나친 적이 있었다.

　필자 역시 군에서 오랫동안 몸담고 있었기에 기갑 출신이 별을 단다는 것도 힘들지만 둘, 셋, 넷까지 계급장이 더해지는 동안 얼마나 많은 어려움들을 겪어 왔을 것인가는 충분히 상상할 수 있다. 허나 본인이 똑똑해서만 별이 떡떡 붙어 달려온 것은 결코 아닐 것이다.

　지휘관이 승승장구하려면 여러 가지들이 말썽 없이 도와줘야 한다. 그중 하나가 자신이 거느리고 있는 부하들이 절대적으로 도와줘야만 한다. 필자가 1사단에서 근무할 때 월북사고가 발생되어 출세가도 일변도로 달려온 사단장이 보직 해임된 적이 있다. 뿐만 아니라 단순한 군기 위반사고가 지휘관의 진급에 영향을 미칠 때도 있다. 제일 먼저 부하들에게 감사해야 함에도 조선시대 때 못된 양반이 종 부려먹듯 한 것보다 더한 치졸한 방법으로 병사들의 인권을 수탈했다면 그가 단 별이 바로 '똥별'인 것이다. 똥별이라는 표현까지는 그런대로 웃어넘길 수도 있겠지만 교회 장로요 권사라니 참담한 마음이 들지 않을 수 없는 것이다. 명확한 사태의 원인은 수사과정에서 밝혀지겠지만 언론의 도마 위에 오른 자체만으로도 부끄러운 일이 아닐 수 없다.

　옛말에 "하인이 상전되면 하인 못 잡아먹어 안달이 난다."라는 말이 있고 "개구리가 올챙이 적 생각을 하지 않는다."라는 말이 있다. 자신의 위치가 높아져 가면 갈수록 남들을 하찮게 여길 것이 아니라 더 겸손한 자세로 아랫사람을 귀하게 여겨야 할 것이다.

1인당 국민소득 50불이 채 안 되었을 때 선교사들을 통해 가난을 벗어난 나라가 바로 한국이다. 굶주림에 찌든 암울한 조선 땅에 고아원과 양로원이 세워지고 병원과 학교가 곳곳에 설립되어 절망의 어둠이 소망의 빛으로 변해갈 수 있었다는 것은 자명한 역사적 사실이다. 이처럼 잘사는 나라로 세워져 오기까지 도움을 주었던 우방의 은혜를 결코 잊어서는 안 된다. 그리고 열악한 나라들을 돕는 데 못 본 체해서는 안 된다.

"가난한 자를 구제하는 자는 궁핍하지 아니하려니와 못 본 체하는 자에게는 저주가 크리라."(잠 28:27)

타인의 형편과 처지에 아랑곳하지 않고 자기 잇속만을 챙기며 살아가는 인간은 종국적으로 하나님의 심판을 면할 수 없다.

하나님께서 마지막 심판 때 선악 간 반드시 행한 대로 갚아주시겠다는 말씀을 여러 차례 하셨다. 살아있는 양심은 반드시 행동하게 되어 있다.

우리가 이 세상에 아무것도 가지고 온 것이 없으매 아무것도 가지고 가지 못한다는 것은 상식이다. 다만 살아갈 동안 먹을 것과 입을 것과 자고 난 후 아침에 할 일이 있음에 감사해야 할 것이다. 너무 과분한 것을 탐하다가 시험과 올무에 걸려 결국 파멸과 멸망에 빠져 죽어간 사람이 어디 한둘이겠는가? 전 세계 인구가 약 73억 명이라 한다. 우리 모두는 그중에 한 명일 뿐이다. 각자 위치에서 자족할 줄 아는 슬기로움이 필요하다. 그리고 할 수만 있다면 나보다 열악한 사람들을 돌봐줘야 한다. 봉사로, 물질로, 재능으로 착한 행실을 쌓아 나가는 것이 인생 성공이다. 무엇보다 임종을 눈앞에 두고 생을 결산할 때 남에게 베풀며 살았던 일생이 수지맞은 인생이었음을 알 수 있을 것이다.

"선한 일을 행한 자는 생명의 부활로, 악한 일을 행한 자는 심판의 부활로 나오리라."(요 5:29)

> **마음 창고에 저장해 두는 한마디**
>
> 잘나고 똑똑한 사람들은 자기보다 못한 자들을 대상으로 억압하고 착취하며 군림하는 것이 아니라 그들을 돌봐야 할 의무가 있다는 사실을 명심해야 한다. 특히, 물질을 사용함에 있어 가난하고 소외된 이웃을 외면하는 죄를 범해서는 안 될 것이다.

한국교회의 운명은 헌금 혁명에 달려 있다

가장 먼저, 신학교에서는 목회자 예비생들에게 '돈'이라 해서 다 같은 '돈'이 아님을 구별할 줄 아는 감별능력을 연마시켜야 한다. 가이사 것인지, 하나님의 것인지 모른 채 목사안수를 받고 사역에 임하게 되면 그때부터 재앙의 씨앗이 심겨지는 것이다.

세상 돈맛에 길들여진 채로 목회자가 되면 본인은 물론이요 많은 사람들을 고통 속에 몰아넣게 된다. 가룟 유다는 세상 돈과 하나님의 돈을 구별할 수 있는 감별의 영안이 닫혀 있었기에 결국 12제자의 명예에 먹칠했을 뿐만 아니라 끝내 뉘우칠 은혜마저 놓쳐버린 채 자신의 목을 매고 죽어 버렸다.

성경은 수없이 간단명료하게 헌금의 사용 목적과 수취 방법 그리고 재앙과 축복을 적시하고 있다. 성경의 대표적인 실례로 아나니아와 그

부인 삽비라의 헌금사건을 반면교사로 삼아야 한다. 당시 초대교회의 특징은 같이 떡을 떼는 것뿐만 아니라 재산을 팔아 공용했다. 재산을 팔아 구제하는 일은 아주 자연스러운 일이었기에 아나니아 부부도 땅을 팔아 재산을 바치는 척하지 않으면 안 되었다. 체면이 있지 않은가? 그래서 체면치레만 하기 위해 재산 일부만 낸 것인데 그 허영의 명예심과 탐욕이 성령을 통하여 들통이 나게 된 것이다. 그래서 둘 다 횡사 당한 것이다.(행 5:1~4)

반면에 바나바는 그렇지 않았다. 주님을 통해 받은 구원의 확신과 확신의 믿음에 대한 이웃사랑의 징표가 자연히 헌금행위로 이어진 것이다.(행 4:36~37) 그 어떠한 경우에도 하나님을 의식하고 드리는 헌금만큼은 남의 눈을 의식해서는 안 된다. 드리고 싶은 마음이 없음에도 드리는 것은 백해무익하다. 단돈 1원이라도 신실하고 경건한 마음에 감사함으로 드리면 그것을 하나님께서는 기쁘게 받으신다.

하나님이 기뻐 받으신다는 의미는 하나님이 성도가 바친 돈을 쓰신다는 것이 아니라, 그 귀한 돈을 통하여 하나님의 복음, 곧 이웃사랑이 심어지고 자라나 꽃피고 열매 맺게 된다는 것이다.

누구나 각자 세상에 태어나는 동시에 주어진 원죄가 있다. 그리고 살아가면서 지을 수밖에 없는 과거 현재 미래의 자범죄가 있다. 속죄제물로 오신 예수님이 제시하신 구원의 길, "내가 곧 길이요 진리요 생명이니 나로 말미암지 않고는 아버지께로 올 자가 없느니라."(요 14:6)라는 말

쏨을 액면 그대로 받아들이는 자가 성도다. 따라서 천국 영생복락의 구원에 대한 확신이 있는 성도는 헌금 드리는 것이 기쁠 것이고 설령 돈이 없어 넉넉히 드리지 못한다 하더라도 이미 마음을 바친 것이다.

사죄와 영생의 구원에 대한 감사의 마음을 가진 성도가 드리는 헌금이 진짜 하나님이 원하시는 예물이다. 또한 이 땅에 살아가는 동안 온갖 사건사고를 당할 수밖에 없음을 알면서도 물질을 바칠 수 있는 자가 되어야 한다. 왜냐면 하나님께서는 반드시 피할 길도 함께 예비해 두시고 해결해 주시는 능력의 창조주이시기 때문이다.

때로는 절망과 좌절에 빠질 수 있을 지라도 결국 합력하여 선을 이루게 하시는 하나님께 소망을 두는 자는 결코 하나님께 드리는 물질에 인색할 리가 없다. 따라서 자발적으로 드리는 '돈'만이 헌금이 될 수 있다는 성경의 가르침을 그대로 가감 없이 가르치고 행하도록 해야 한다. 만일 아깝다면 안 내면 된다. 헌금을 내지 않는다고 해서 국가에서 개인의 재산을 압류하거나 연체이자를 붙여 통고장을 발부하는 일은 결코 없을 것이기 때문이다.

하나님을 섬기는 초석은 예배로부터 출발한다. 예배의 성공이 바로 신앙의 성공이다. 예배 중에서도 섬김의 으뜸은 드림이다. 마음을 드리는 것이며 정성을 드리는 것이다. 하나님께 드림의 핵심이 '돈'만이 아님을 알아야 한다. 주일날 일찍 나와 기도하고 청소하고 예배당의 입구에서 주보를 나눠주고 찬양대로, 주방 일로, 이 모든 움직임이 정성에 의해 이뤄진다면 이미 '헌금'을 드린 것이다.

독일의 신학자 랑게는 "예배가 삶이요, 삶이 곧 예배다."라고 규정하였다. 교회에서뿐만 아니라 일상생활에서도 남을 배려하면서 살기 위해 행함으로 나타내 보여야 한다.

예배에서 빠뜨릴 수 없는 봉헌의 헌금 목적을 분명히 인식해야 한다. 그 어떠한 경우에도 강요해서는 안 됨을 기초교육을 통해서 각인시켜야 한다. 제아무리 교회재정이 어려워도 교인들에게 강요하여 재원을 마련하고자 하는 마음 자체부터가 하나님의 종으로서 자격이 상실된 것이다. 하나님께서는 그 어느 누구에게나 해당되는 실질적인 물질공급의 방법을 쉽게 천명하셨다.

이는 하나님께서 감언이설로 말씀하신 것이 아니라 창조주로서 정해놓으신 물질 공급의 원리이기 때문에 모든 자에게 적용되는 공식과 같은 것이다. 무엇을 마실까 먹을까 입을까 염려하지 않는 사람은 이 세상에 존재하지 않는다. 그 누구나 내일의 불확실성 속에서 우선 채워 놓고 보자 하는 본능이 있을 수밖에 없다. 아흔아홉 섬 가지고 있는 자가 한 섬 가진 자의 것을 빼앗아 채우려는 욕망은 당연한 것이다.

그러나 하나님을 섬기면 그분이 물질을 비롯한 모든 것을 주시기도 하며 취하시기도 하신다.(삼상 2:6-7)는 사실을 믿어야만 한다. 뿐만 아니라 생명의 길이까지도 정하시는 분이심을 믿는다면 당연히 보답해 드리는 것이다. 조급한 마음으로 기다리지 못하다 제단의 불을 지핀 사울 (삼상 13:8~12)처럼 인내력이 없다면 애당초 사역자 길에서 세상의 길로 뒤돌아가야 한다.

무지몽매한 교인들을 볼모로 재원을 마련하고자 하는 얄팍한 수작은 아예 생각지도 못하게 신학교에서 지속적으로 훈련을 시켜야 한다. 설령, 세상적인 기법을 사용하여 재정적으로 부해지고 교회가 눈부신 성장을 하여 한 몸에 부러움을 산다 할지라도 그것은 사상누각에 불과한 것이라는 사실을 각인시켜야 할 것이다.

목회자는 무엇보다 자신이 먼저 구원의 확신을 굳혀 나가야 한나. 신학교에 입학하였다 해서 구원의 확신이 세월감에 따라 수료증 주어지듯이 자격이 취득되는 것이 아니다. 각자 인생의 과정에서 체험한 모든 삶 속에서 내공으로 쌓여진 믿음의 분량에 따라 구원의 확신이 서게 되는 것이다. 그래서 그 확신으로 이 땅에 살아가는 동안 닥치는 모든 환란과 시련과 역경 속에서도 하나님께서 간섭하여 보호하시고 인도하심을 체험하는 것이다.

"사람이 감당할 시험밖에는 너희가 당한 것이 없나니 오직 하나님은 미쁘사 너희가 감당치 못할 시험 당함을 허락하지 않으시고 시험 당할 즈음에 또한 피할 길을 내사 너희로 능히 감당하게 하시느니라."(고전 10:13)

설령 물질의 축복이 주어지지 않는다 할지라도 하나님께서는 평안으로 보답하심을 믿고 따를 수 있어야 한다.

때로는 한 치 앞을 예측할 수 없을 정도의 고난이 갑자기 들이닥칠 때도 있다. 하지만 끝까지 참고 견디면 모든 것이 합력하여 선을 이루시는 하나님을 찬양할 수밖에 없다.

> "우리가 알거니와 하나님을 사랑하는 자 곧 그의 뜻대로 부르심을 입은 자들에게는 모든 것이 합력하여 선을 이루느니라"(롬 8:28)

결코 헌금이 하나님의 이익 추구가 아니요 또한 사역자의 사익추구가 아니라는 것을 깨닫게 해야 한다. 그러기 위해서는 하나님께서 각자에게 주신 은사를 감사함으로 아낌없이 봉헌해야 함을 가르쳐 나가야 한다. 무엇보다 하나님께서는 바치는 액수에 비례하여 30배, 60배, 100배로 갚아주시는 장사꾼이 아니라는 사실을 명확히 알려줘야 한다.

살아있음에 감사하고 움직일 수 있음에 감사하고 무엇보다 하나님을 알게 된 것에 감사하도록 해야 한다. 또한, 각자 인생 모든 희로애락 가운데 하나님께서 함께 위로하시고 격려하시는 분이심에 감사하여 물질을 교회에 드리지 않을 수 없음을 스스로 깨달아 나가도록 해야 할 것이다.

- **마음 창고에 저장해 두는 한마디**

  신학생이나 목회자들뿐만 아니라 모든 성도들에게도 헌금은 강제로 징수하는 것이 아니라 각자 받은 하나님의 은혜에 대해 자발적으로 내야 하는 것임을 알려줘야 한다.

하나님이 말씀하시는 헌금

　헌금을 하는 이유는 하나님의 말씀을 준행하기 위해서이다. 수차에 걸쳐 언급한 대로 헌금은 결코 강제적으로 드려서는 안 된다. 일부 교단에서는 6개월 이상 십일조와 헌금을 안 내는 교인들의 자격을 박탈한다는 내용의 교회법을 제정한 적이 있었다. 그래서 많은 논란을 일으키기도 했지만 그런 교회는 안 나가면 되는 것이다. 돈이 넘쳐나도 내키지 않으면 안 내면 된다.

　그러나 내가 교회에 내는 돈을 통하여 하나님의 복음이 확장되는 것이라고 생각하고 내기를 원하면 기꺼이 드리는 것이다. 액수 역시 강제성이 없다. 십일조를 떼어 먹었느니 감사헌금을 안 내었느니 하는 그 모든 것에 얽매일 필요가 전혀 없는 것이다. 중요한 사실은 헌금은 자신이 가지고 있는 믿음의 분량만큼만 내면 된다. 헌금을 안 낸다고 하나님이 벌을 주시거나 헌금을 낸 만큼 복을 더 주신다는 말은 다 거짓이다.

헌금이 길을 잃고 갈팡질팡하고 있다. 잃어버린 길을 찾기 위해 전 교회가 나서야 한다. 이제 성도와 목회자는 물론 신학교와 교계 전체가 한국 교회 생명을 걸고 헌금에 대한 혁명을 일으켜야만 한다.

교단은 더 이상 교단의 머리 부풀리기에서 손을 떼야 한다. 대형 교회들은 재벌교회가 되려 하지 말고 교회세포를 과감히 분리 독립시켜 나가야 한다. 대형마트가 구멍가게를 잠식해 대는 자본주의의 병폐를 답습한다면 그 목회자는 재벌 회장과 다름없다. 대형교회들은 소형 미자립 교회를 위해 헌금 수입의 십분의 일을 투자해야 하며 또한 십분의 일을 가난한 사람과 이웃들의 구제를 위해 사용해야만 한다. 각종 세미나와 집체교육을 통하여 치중된 헌금을 분산시키는 운동을 전개해야만 한다.

신학교는 헌금에 대한 신학적 이론의 기틀을 공고히 하여 신학교에서부터 헌금관을 명확히 정립시킬 수 있는 교육을 시행해야 한다. 이제 더 이상 학교건물과 외형을 확장해 나가는 데 치중해서는 안 된다.

목회자는 당장 헌금에서 손을 떼고 오직 사역에 눈을 돌려야 한다. 헌금 전문가들을 양육시켜 배분 원칙을 세워나가야 한다. 가장 중요한 역할이 성도들에게 있다. 성도들은 연합하여 헌금이 어떻게 사용되고 있는지 투명하게 감시체계를 강구해야 한다. 사례비는 적절하게 책정하고 판공비 명목으로 지급되는 모든 돈줄을 투명하게 공개해야만 한다.

불법한 헌금은 걷지도 내지도 말아야 한다. 헌금을 내지 않으면 교인 자격을 박탈한다는 교단과 교회는 과감히 퇴출시켜야 한다. 그러한 교회에서 하루빨리 빠져나와야 한다. 주변을 둘러보면 건전한 교회가 생각보다 많이 있다. 혹여나 그동안 그 교회에 투자한 것이 아깝다면 하나님께로부터 축복받기를 단념해야 한다.

대부분 사람들은 기득권을 포기했을 경우 닥쳐오는 고독을 두려워한다. 특히, 자신의 애경사에 참여 가능한 손님의 머릿수를 계산하거나 단체에서 소외된다는 두려움으로 인해 소속된 교회에 집착한다면 훗날 후회할 날이 반드시 올 것이다.

헌금은 각자가 체험한 은혜에 대한 응답이다. 그리스도인이라는 것이 증거 되는 가장 으뜸의 징표는 하나님의 은혜를 체험하는 것이며 체험한 은혜에 반응하는 것이다. 먼저는 영적인 기쁨의 은혜에 감사하는 것이다. 영적인 은혜의 구체적인 대상은 바로 하나님께서 인간에게 모든 만물을 맡기셨다는 데 대한 감사이다. 그리고 원죄와 자범죄의 족쇄를 풀어주신 대속의 십자가 예수그리스도에 대한 감사이다. 제아무리 헌신과 헌물을 다 바친다 해도 하나님이 베푸신 사랑에는 근접도 할 수 없다.

헌금을 하나님께 드린다는 말은 어불성설이다. 본래 우리 것은 하나도 없었고 있을 수도 없다. 정령 물질이 우리들 것이라면 천국으로 가든 지옥으로 가든 계좌가 개설되어야 하고 부동산에 대한 소유권이전

등기를 할 수 있어야 할 것이다. 그런데 동전 한 닢 가져갈 수 없을 뿐만 아니라 심지어 평생 함께한 육신조차 놓고 가야만 한다. 우리 것이 아닌 하나님 것을 쓰고 활용하다 그대로 놓고 가는 것이 우리 인생들이다. 실은 가져갈 수 없음이 은혜이다.

이 땅에 사는 동안의 '돈'은 인간이 하나님께 반항한 죗값에 대한 족쇄다.

그러므로 재산도 몸도 그대로 놓고 가는 것이 족쇄에서 해방되는 은혜다. 천국에 가서도 사유재산이 필요하다면 이미 그곳은 낙원이 아니라 천국을 가장한 지옥일 뿐이다. 또다시 몸이 아파온다면 안과도 가야 하고 치과도 가야 한다. 또다시 값비싼 MRI를 촬영해야 하고 치료약값이 필요한 그곳이 천국이라 한다면 구태여 하늘나라에 소망을 둘 필요가 있겠는가?

주님께서 부활 후 승천하실 때 뭐라 하셨는가? 내가 너희 있을 처소를 예비하러 가신다고 하셨다.(요 14:2~3) 그곳은 눈물도 한숨도 아픔도 없기에 돈이 전혀 필요가 없는 곳이다. 육신조차 우리가 상상할 수 없는 신령한 몸으로 다시 태어나기에 의식주 걱정이 필요 없는 곳이다.

"모든 눈물을 그 눈에서 닦아 주시니 다시는 사망이 없고 애통하는 것이나 곡하는 것이나 아픈 것이 다시 있지 아니하리니 처음 것들이 다 지나갔음이러라."(계 21:4)

교회가 망하는 것은 물질이 부족해서가 아니라 기도가 부족하고 기도한 대로 삶을 살지 않아서 망하는 것이다.

> **마음 창고에 저장해 두는 한마디**
>
> 불가시적인 신앙체험을 소유한 성도가 가시적인 행위로 나타내 보이는 것이 헌금행위다. 하나님의 은혜를 체험하였다는 것은 원죄와 자범죄로부터 속죄받았다는 것이며 사후 부활의 영생에 대한 확신 속에 신앙생활을 영위해 나가는 것을 말한다.

| 에
| 필
| 로
| 그

아름다운 나눔으로
함께하는 세상을 꿈꿉니다

나는 태어날 때부터 비중격 만곡증으로 한쪽 코가 막혀 있었다.
그래서 20년 동안 왼쪽 코로만 숨을 들이쉬며 살았다. 그 결과 불치병이라는 기관지 확장증을 평생 간직해오며 살아가고 있다. 그리고 11세 때 신들렸던 어머니를 여의고 서모 밑에서 자라다 일찍이 직업군인 생활로 들어섰다. 3남 2녀 중 셋째로 태어났지만 체력이나 두뇌조건이 가장 형편없었다.

학창시절 영어단어는 외우고 싶었지만 도통 암기가 안 되어 벽에다 머리를 쿵쿵 박아댔던 적이 수도 없이 많았다. 마음은 원이로되 머리가 안 따라줄 때 스스로 좌절할 수밖에 없었지만 외우고 또 외우고 끈질김 하나로 뒤늦게 동국대학교에 들어갔다.

그리고 신학대학원에 입학한 이후 안수를 받고 '헌금'을 주제논문으로 박사학위까지 받게 되었다. '헌금'으로 논문을 쓰려 했을 때 지도교수를 비롯해 동료들 모두가 만류했다. 왜? 하필이면 민감한 '헌금'을 다루려고 하느냐는 것이었다. 그러나 인생 살아 보니 교회뿐만 아니라 온 세상 전체가 '돈' 때문에 고통받고 있다는 사실을 알게 되었다. 오늘날 헌금은 '돈'을 말한다. 헌금을 왜 내고 거둬야 하는지, 그리고 어디에 쓰이고 있는지 확인하는 것은 매우 중요한 사안이라고 판단되었다. 그래서 『한국교회 헌금의 인식도 분석을 통한 목회 활성화 방안 연구』라는 제목의 논문을 펴냈는데 의외로 언론에서 관심을 갖고 기획·집중취재 보도하였다.

한 나라의 모든 권한행사와 함께 또한 모든 책임이 국가원수에 있듯이, 오늘날 한국교회가 이 모양 이 꼴이 된 것에 대해 목회자의 한 사람으로서 무한책임에 통감한다. 그래서 애곡하며 통곡한다. 인간이 '돈'의 주인이 아니라 '돈'의 노예가 되어버린다면 결과는 참혹하다. 두 번 다시 선악과의 노예가 되어서는 안 된다. 통한의 전철을 밟아서는 안 될 것이다. 반성과 회개에도 때가 있는 법이다. 이때를 놓치면 영원히 이를 갈며 슬피 울게 될 것이 분명하다. 작은교회들이 대형교회들로 인해 엄청난 타격을 받고 있다. 도와주지는 못할망정 신성한 사역의 영역을 더럽혀 대는 데 톡톡한 몫을 끊임없이 해대고 있기 때문이다.

동료목사를 칼로 찔러 살인미수 혐의로 7년 형을 선고받은 대형교단

총무 목사의 이름과 사건내용이 언론에 대서특필되었다. 대형교단 소속의 목회자가 벌건 대낮에 소속교인과 불륜을 저지르다 들이닥친 경찰에 의해 벌거벗은 채 베란다에 피신한 사건도 언론에 공개되었다. 그리고 '내로라'하는 대형교단의 중직을 맡았던 원로 목회자가 학교법인의 공금횡령으로 구속 수감되었다. 자신만은 결코 세습하지 않을 것이라고 호언장담하던 대형교회 목사가 새파란 나이의 자식에게 기발한 방법의 변칙세습을 이뤄 내고야 말았다. 교인들이 낸 헌금으로 정당을 차리고 국회에 입성하려던 대형교단 소속 목회자들이 총선에서 줄줄이 낙방했다. 세상 사람들은 출마자들을 향해 조롱과 희롱을 넘어 농락의 입방아를 찧어대고 있다.

예수님이 말씀하셨던 '강도의 굴혈'이 어느 곳인지 여지없이 증명해 주고 있는 곳이 바로 한국교회이다. 그중에서도 대형교단의 목회자들이 앞장서고 있다. 한마디로 망조다. 이제 본격적으로 망하는 길목에 들어선 것이 한국교회 현 위치이다. 하나부터 열 가지 모든 문제의 중심에 '헌금'으로 위장한 '세상 돈'이 마술을 부려대고 있기 때문이다.

교회는 더 이상 노아의 방주가 아니다. 침몰하는 타이타닉과 다름없다. 호화선 안에서 도박과 가무와 온갖 권모술수의 흉계가 이뤄지고 있다. 사탄의 작당패거리들이 자기들에게 유리한 패를 잡으려 악당 모의에 밤샘하고 있다. 이들이 탄 배가 육지에 당도하게 될 리가 없다. 이들의 배가 침몰되기 전 가장 먼저 해야 할 일들이 있다. 배 안에 타고 있는 선량한 하나님의 사람들을 한시바삐 구출해 내는 일이다.

오늘날 한국이 이만큼 잘살게 된 중심엔 황금을 돌같이 여긴 신앙의 선배들이 있었기 때문이다. 그들은 정치, 경제, 사회, 문화, 국방, 과학, 체육, 예술, 종교 등등 모든 분야 구석구석의 빛과 소금이 되었다. 돈이 없는 교인들로부터 쌀 한 줌과 무와 배추를 받고 사역에 힘을 얻었다. 무더위에 부채질해댈 여유도 없이, 눈보라에 바람막이 없이 차디찬 땅바닥에 가마때기 깔고 무릎 대어 통곡하며 울부짖었다.

하나님, 이 나라 이 민족을 속히 구원해 주시옵소서!

등 따습고 배부르면 잠 오듯이, 한국교회는 깊은 잠에 빠져 있다.

성도들의 울부짖음이 하나님의 지성소까지 들려야만 한다. 이스라엘 백성의 고통소리를 외면하지 않으신 하나님께서 모세를 지명하셨던 것처럼 부르짖어야 한다. 하나님께서 오늘날의 한국교회를 불쌍히 여기시고 마르틴 루터와 같은 종교개혁자를 지명하시도록 해야 한다. 여리고성을 무너뜨리신 하나님께서 난공불락의 한국교회를 손보실 날도

멀지 않다.

오늘날 한국교회가 아직도 건재하고 있는 것은 농촌에서, 어촌에서, 도서산간오지에서 소명을 다하고 있는 성도님들과 사역자분들이 계시기 때문이다. 이분들이야말로 어느 누구 하나 알아주지 않아도 초지일관 오직 맡겨진 사명을 위해 헌신하는 하나님의 사람들이다. 날마다 기도의 눈물을 흘리며 하나님의 심금을 울리는 이분들이 있기에 소망의 여지가 있는 것이다.

나는 한국교회 개혁의 일개 불쏘시개일 뿐이다. 하지만 화력의 에너지가 될 성도들의 성원과 함성으로 우상으로 가득한 교회들은 무너지고 말 것이다. 무엇보다 목회자와 성도 한 사람 한 사람이 교회와 사회의 헌금개혁운동에 동참해 나갈 때 한국교회는 예루살렘성전이 회복되었듯이 다시 우뚝 일어설 것이다.

박사학위 이수 과정 중 끈질긴 마음으로 학위논문에 집중했었다. 그 결과 입학 3년 만에 작성 완료하게 되었고 우수논문으로 선정될 수 있었다. 헌금에 관한 글을 쓰기가 너무나 힘들어 두 번 다시는 쓰지 않겠노라고 다짐을 했었지만 또다시 하나님께서 은혜를 베푸셨다. 제아무리 훌륭한 자질을 모두 겸비하고 있다 할지라도 돕는 자가 없다면 그 어떤 것도 이룰 수 없는 것이 세상 이치다. 하나님께서 생각과 마음과 정신 모두를 붙잡아 주셨다. 이 모든 것이 영혼으로부터 나올 수 있도록 허락해 주신 하나님께 오직 영광을 올려드릴 뿐이다.

책이 세상 밖으로 나오기까지 출판을 맡아주신 도서출판 행복에너지 권선복 대표님과 편집부, 그리고 박성배 목사님, 특히 6년 동역자 '서울역 노숙인들의 이모'로 불리고 있는 손예정 목사님과 신학동기생 최연태 박사님, 자원봉사로 인연을 맺은 강용식 목사님 등 모든 분들의 원고 교정수고에 감사드린다. 그리고 13년째 함께 서예로 봉사하고 있는 서예국선작가 한종수 장로님의 제호는 이 책의 얼굴에 화룡점정이다. 하나도 소홀히 할 수 없는 세상의 모든 분들에게 감사한다.

2017년 10월

이병선

출간후기

권선복
도서출판 행복에너지 대표이사, 영상고등학교 운영위원장

**헌금의 진정한 참뜻을 통하여
오늘날 한국교회에 행복과 긍정의 에너지가
팡팡팡 샘솟으시기를 기원드립니다!**

　헌금이란 주일 혹은 축일에 하나님께 돈을 드리는 행위, 또는 그 돈을 의미하는 단어입니다. 하나님이 베푼 은혜를 받았으므로 '헌금'이라는 것을 통해 표현을 한다는 뜻이라고 볼 수 있을 것입니다.

　기독교인이라면 누구나 '헌금은 꼭 내야 하는 것'이라고 생각할 테지만, 성도들 중에서도 헌금을 부담스럽게 생각하는 사람들이 늘고 있다고 합니다.

『도둑맞은 헌금』은 이러한 '헌금'에 대한, 조금은 충격적이고 굉장히 현실적이며 또 고발적 성격을 띤 현 목회자의 회고록이라고 할 수 있겠습니다. 헌금을 내고는 있으나 하나님 말씀처럼 어려운 자를 위해 쓰이고 있는지, 아니면 일부 타락한 종교인의 배를 불리는 데 쓰이고 있는지 모르는 상황을 두고 저자는 헌금을 '도둑맞았다'고 표현하고 있습니다.

헌금의 의미가 서서히 변질되어 간 것은 아마도 오늘날 '돈'이 온 세상을 쥐고 흔들 만큼 강력한 힘을 가진 대표적인 '물질'이 되었기 때문인지도 모르겠습니다. 이러한 현실을 통해서 헌금의 본질을 되찾아야 한다고 역설하며, 가장 중요한 것은 '헌금을 드릴 때의 마음가짐'이라고 말하고 있습니다.

서울역 노숙인을 위한 특수목회를 하며 어려운 자를 위한 봉사를 몸소 실천하고 있는 저자는 누구보다도 오롯하게 하나님을 섬기는 진실 된 마음으로 모두가 헌금의 참뜻을 깨닫기를 바라고 있습니다.

어지러운 현실 속, 삶의 등불과 지표가 되어 주는 종교라는 믿음을 통하여 모두가 인생길을 꿋꿋하게 걸어가시기를 바라오며, 이 책을 읽는 모든 분들의 삶에 행복과 긍정의 에너지가 팡팡 샘솟으시기를 기원드립니다.

Happy Energy books 좋은 원고나 출판 기획이 있으신 분은 언제든지 **행복에너지**의 문을 두드려 주시기 바랍니다.
ksbdata@hanmail.net   www.happybook.or.kr   단체구입문의 ☎ 010-3267-6277   도서출판 **행복에너지**

하루 5분 나를 바꾸는 긍정훈련
행복에너지

'긍정훈련' 당신의 삶을
행복으로 인도할
최고의, 최후의 '멘토'

'행복에너지
권선복 대표이사'가 전하는
행복과 긍정의 에너지,
그 삶의 이야기!

인터파크
자기계발 분야 주간
베스트 1위

권선복 지음 | 15,000원

권선복

도서출판 행복에너지 대표
영상고등학교 운영위원장
대통령직속 지역발전위원회
문화복지 전문위원
새마을문고 서울시 강서구 회장
전) 팔팔컴퓨터 전산학원장
전) 강서구의회(도시건설위원장)
아주대학교 공공정책대학원 졸업
충남 논산 출생

책 『하루 5분, 나를 바꾸는 긍정훈련 - 행복에너지』는 '긍정훈련' 과정을 통해 삶을 업그레이드하고 행복을 찾아 나설 것을 독자에게 독려한다.
긍정훈련 과정은 [예행연습] [워밍업] [실전] [강화] [숨고르기] [마무리] 등 총 6단계로 나뉘어 각 단계별 사례를 바탕으로 독자 스스로가 느끼고 배운 것을 직접 실천할 수 있게 하는 데 그 목적을 두고 있다.
그동안 우리가 숱하게 '긍정하는 방법'에 대해 배워왔으면서도 정작 삶에 적용시키지 못했던 것은, 머리로만 이해하고 실천으로는 옮기지 않았기 때문이다. 이제 삶을 행복하고 아름답게 가꿀 긍정과의 여정, 그 시작을 책과 함께해 보자.

『하루 5분, 나를 바꾸는 긍정훈련 - 행복에너지』

"좋은 책을
만들어드립니다"
저자의 의도 최대한 반영!
전문 인력의 축적된 노하우를
통한 제작!
다양한 마케팅 및 광고 지원!

최초 기획부터 출간에 이르기까지, 보도자료 배포부터 판매 유통까지! 확실히 책임져 드리고 있습니다. 좋은 원고나 기획이 있으신 분, 블로그나 카페에 좋은 글이 있는 분들은 언제든지 도서출판 행복에너지의 문을 두드려 주십시오! 좋은 책을 만들어 드리겠습니다.

| 출간도서종류 |
시 · 수필 · 소설 · 자기계발 ·
일반실용서 · 인문교양서 · 평전 · 칼럼 ·
여행기 · 회고록 · 교본 · 경제 · 경영 출판

도서출판 **행복에너지**
www.happybook.or.kr
☎ 010-3267-6277
e-mail. ksbdata@daum.net